AF413435

QUIÉRETE BONITO

Una guía para ser la protagonista de tu vida

Papel certificado por el Forest Stewardship Council®

Penguin
Random House
Grupo Editorial

Primera edición: febrero de 2026
Primera reimpresión: febrero de 2026

© 2026, Paula Orell
© 2026, Penguin Random House Grupo Editorial, S. A. U.
Travessera de Gràcia, 47-49. 08021 Barcelona

Printed in Spain – Impreso en España

ISBN: 979-13-87741-60-0
Depósito legal: B-21.481-2025

Compuesto por Fernando de Santiago
Impreso en Black Print CPI Ibérica
Sant Andreu de la Barca (Barcelona)

AL 4 1 6 0 0

PAULA ORELL
@paulaorellpsico

Quiérete bonito

Una guía para ser la protagonista de tu vida

ALFAGUARA

ÍNDICE

A todas las personas que se atreven a mirar en su interior, a cuestionarse y transformarse para crecer, a pesar de lo difícil que a veces pueda resultar. A ti, que estás aquí eligiendo quererte bonito.

DE MÍ PARA TI

Antes de que te sumerjas en esta lectura, quiero decirte algo importante para mí:

Todas las palabras recogidas en este libro las he escrito con mucho cariño y respeto.

Mi intención en todo momento es sumarte. Para ello, combinaré apoyo y confrontación para intentar lograr un equilibrio saludable entre ambas, pues sé que son las mejores medicinas de acompañamiento que hay. Apoyaré todo lo que sé que es beneficioso para ti y confrontaré aquello que no lo sea. De esta forma, pretendo que, cuando termines de leer este libro, seas más consciente de lo que te hace bien y también de lo que te hace mal.

Caminaremos juntas por el autoconocimiento, la consciencia, la autoestima, el autocuidado y mil cosas más para que consigas quererte bonito.

Yo pongo mi conocimiento y experiencia en tus manos, y tú, si quieres, puedes poner compromiso y entrega hacia este libro, y, por lo tanto, también hacia tu proceso de crecimiento, ya que estas páginas son para eso. Son para ti.

A medida que vayas leyendo, verás que está escrito en femenino. Esto no quiere decir que esté únicamente dirigido a las mujeres, del mismo modo que, si hablara en masculino, no querría que pensaras que solo me dirijo a los hombres. Cada palabra recogida en este libro puede servir a cualquier persona, sin importar su género.

También te encontrarás con nombres propios, pero ninguno de ellos corresponde a personas reales. La confidencialidad en mi trabajo es fundamental, y por eso todos los nombres que aparecen en estas páginas son ficticios. Confieso que he elegido algunos que son especiales para mí, de personas importantes en mi vida. Sin embargo, ninguna de las historias está vinculada a ellas, porque, aunque no sean mis pacientes, también merecen preservar su intimidad.

Por último, quiero decirte que este libro es terapéutico, más que informativo o práctico, pero también quiero recordarte que en ningún caso sustituye a la terapia.

Ahora sí. Ya podemos empezar este camino.

Qué ilusión.

¿QUÉ ES QUERERTE BONITO?

¿QUÉ ES QUERER?

¿Cómo es querer?
¿Cuándo sabemos que queremos a alguien?
¿Cómo sabemos que nos quieren?
¿Cómo es querernos a nosotras mismas?
¿Sabes si te quieres?

Qué preguntas más grandes, ¿no?

No sé para ti, pero, para mí, es difícil poder explicarte en palabras qué es querer o quererse.

Yo, por ejemplo, sé las cosas que me hacen sentir querida, como cuando mi amiga se acuerda de un acontecimiento importante para mí y me pregunta cómo me ha ido, o cuando mi pareja habla de mí con orgullo, o cuando mis padres me preparan un táper de comida para hacerme más amena la semana. También sé cuándo no me siento querida, como cuando una persona a la que consideraba mi amiga contó una intimidad mía, o cuando me fueron infiel, o cuando una chica se metió con mi físico.

Sé cuándo me siento querida y cuándo no, pero qué difícil explicarte con palabras qué es querer y quererse.

He encontrado algunas frases que recogen conceptos que creo que son clave cuando hablamos de querer. Primero compartiré contigo las frases y después te indicaré cuáles son los conceptos que esconden, aunque quizá los adivinas tú antes de que yo te los diga.

«Amar, tener cariño, voluntad o inclinación hacia alguien», del *Diccionario de la lengua española* de la RAE.

«Cuando alguien te ve tal como eres y aun así te acepta, solo entonces puedes sentirte libre para dejar de actuar y simplemente ser tú mismo», de Carl Rogers.

«Mereces un amor que te quiera despeinada», de Frida Kahlo.

«El amor no es solo un sentimiento. Es una acción, una elección, una forma de vivir», de Bell Hooks.

«Si amas a una persona, la amas tal como es, y no como te gustaría que fuera», de Jean-Paul Sartre.

«El respeto es una de las formas más nobles de amor», de Miguel de Unamuno.

«Cuidar de alguien es la forma más hermosa de decir "te amo" sin palabras», de Thich Nhat Hanh.

Vale. Me encantan. Me encanta cada una de estas frases de forma independiente, pero más aún en conjunto, porque cada una habla de una parte esencial del amor. Y todas juntas recogen las piezas clave de las que quiero hablarte para que empieces a saber qué es esto de quererse bonito.

El primer concepto que quiero mencionarte es la idea de que **querer no es solo un sentimiento, sino también una acción**. O sea, que **se puede aprender a querer**, que no es algo que venga ya configurado. Esto, sin duda, es una muy buena noticia, porque da la oportunidad a que, si no te dan o no te das amor, la situación pueda cambiar.

También hablan de que **querer es aceptar. Aceptar lo que es y no pretender cambiarlo para poder quererlo.**

Y, por último, algo que también mencionan estas citas es que **el respeto y el cuidado son señales de que hay *amor del bueno*.** Por lo que, si estos no se dan, significa que no es amor del bueno.

El «buen amor», el «amor del bueno», el «querer bien» son formas diferentes de hablar de aquello que yo llamo: QUERER BONITO. Pero, entonces, ¿qué es querer bonito para mí?

Yo definiría querer bonito de la siguiente forma:

Querer bonito a alguien es aceptar, valorar, respetar, cuidar y tener en cuenta a esa persona cada día, tal y como es.

Y, por tanto, quererse a una misma sería lo mismo, solo que contigo.

Quererte bonito es aceptarte, valorarte, respetarte, cuidarte y tenerte en cuenta cada día, tal y como eres.

Ahora que he conseguido plasmar en una frase qué es quererse bonito, vuelvo a leerla y parece hasta sencillo llegar a quererse así. Sin embargo, he de ser sincera contigo y decirte que no lo es. Quererse bonito es un camino complejo que conlleva conocimiento, tiempo, paciencia y esfuerzo (entre otras cosas). Es algo que se construye, y te prometo que, si te lo tomas en serio, es algo que se consigue. Pero tienes que tomártelo en serio, comprometerte contigo misma y poner todo de tu parte para lograrlo. ¿Te apetece?

Yo voy a estar aquí contigo, guiándote y acompañándote en cada paso para ayudarte a hacerlo, para ayudarte a que te quieras como te mereces.

Vamos a ello.

¿TE QUIERES BIEN?

A veces, entender lo que es querer bonito empieza por identificar lo que no lo es. Por eso, lo primero que voy a contarte es qué NO es quererte bien.

Si no te aceptas tal como eres y crees que necesitas cambiar para poder quererte, es que no te quieres bien.

Si no respetas tu cuerpo, tus valores o tus sentimientos, es que no te quieres bien.

Si no te das valor o no confías en ti, es que no te quieres bien.

Si no tienes en cuenta en tu día a día lo que sientes, lo que necesitas, lo que te apetece o lo que piensas, es que no te quieres bien.

Si pones a los demás siempre por delante de ti, es que no te quieres bien.

Si nunca hay tiempo para tus cosas, es que no te quieres bien.

Si no te escuchas o no respetas lo que escuchas de ti, es que no te quieres bien.

Si te culpas y te machacas por todo, es que no te quieres bien.

Si no estás construyendo la vida que deseas porque estás construyendo la que otros desean, es que no te quieres bien.

Si permites que no te quieran bien, es que no te quieres bien.

Después de leer esto, ¿cómo dirías que te quieres?

Es posible que te hayas dado cuenta de que no te quieres tan bien como creías, pero no te preocupes, porque eso es algo bueno. No me refiero a que sea bueno que no te quieras bien, sino a que es bueno que te estés dando cuenta de que no te quieres bien, pues es el primer paso para cambiarlo.

Si no eres consciente de que te quieres mal, ¿qué te llevaría a querer cambiarlo? Nada. O sea, que ahora estás más cerca aún de quererte bien que cuando abriste por primera vez este libro, y eso es muy guay.

¿POR QUÉ ES IMPORTANTE QUE TE QUIERAS BONITO?

Si me sigues en las redes sociales, me habrás escuchado hablar sobre jardines, parcelas, plantas y casas para explicarte diferentes cositas de psicología. Son metáforas que uso mucho para que se entienda fácilmente lo que a veces es tan complejo. Si aún no me sigues, ahora vas a tener la oportunidad de saber a qué me refiero.

¿Eres de plantas?

¿Eres de esas personas que tienen su casa llena de plantas y entienden de ellas?

Lo seas o no, no hace falta ser experto en plantas para saber que todas necesitan cuidados para que luzcan bonitas, estén bien alimentadas, sanas y vivas. Tampoco hay que ser experto en plantas para conocer, en general, sus cuidados básicos.

Pero no nos confiemos. Esto de las plantas es un mundo inmenso por descubrir.

Algunas necesitan más luz; otras, más sombra. Algunas necesitan humedad para vivir y a otras la humedad las mata. Todas necesitan agua, pero no en la misma cantidad, y, ¡cuidado!, como te pases o no eches la suficiente, puedes quedarte sin planta.

Algunas son más fáciles de cuidar porque requieren menos cosas o una dedicación más sencilla, mientras que las necesidades de otras son más complejas, lo que también dificulta su cuidado. Podemos encontrar muchos matices, pero todas tienen algo en común: necesitan ser cuidadas para poder vivir.

Las plantas bien cuidadas gustan. Y yo lo entiendo perfectamente, porque es muy agradable cuando vas a casa de tu tía y te tomas un refresco en su patio lleno de plantas, o cuando caminas por la calle de un pueblecito cualquiera y te fijas en todos los balcones decorados con flores. A casi todo el mundo le gustan las plantas, pero no todas las personas tienen el conocimiento ni invierten su tiempo en cuidarlas. Y, claro, sin esto no hay planta bonita posible.

Para que una planta luzca saludable, necesita que la conozcas. Que la conozcas de verdad. Necesita que sepas qué es lo que le viene bien. Y que se lo des.

Cuanto más importante sea para ti la planta, más te interesarás por ella, más te implicarás en su cuidado y más la respetarás. De este modo, le darás una mejor vida, crecerá más sana y estará más radiante.

Con las personas pasa lo mismo. **Cuanto más te importa alguien, más te interesas por ella, más en profundidad la conoces, más te implicas en su cuidado y más la respetas, mejor vida le estás dando, más sana crecerá y más radiante estará.**

Y no solo hablo del cuidado de una persona hacia otra. También, y sobre todo, me refiero al cuidado de una persona hacia sí misma. Si te tratas como necesitas, podrás ser como esas flores de los balcones o del patio de tu tía que tanto te gusta contemplar.

Si te tratas como necesitas, podrás ser de esas flores que lucen bonitas por fuera porque se cuidan por dentro.

Te cuento todo esto porque es importante que sepas que **necesitamos querernos bien para poder tener una vida digna.**

Puedes pasar por tu vida como si nada, sin tenerte en cuenta, viviendo los días sin acordarte de ti y sin conocerte, pero ¿qué vida es esa? ¿Es esa la vida que quieres? ¿Así es como quieres acompañarte en este camino? ¿No prefieres hacerlo de otra manera?

Se nos olvida que somos las protagonistas de nuestras vidas. Se te olvida que, **de tu sistema solar, tú eres el sol.** Y también, a veces, se te olvida que tu relación contigo importa. Y yo no quiero que se te olvide que cómo te mires tú, cómo te hables tú, cómo te trates tú, cómo te respetes tú, importa.

Me atrevo a decirte que importa tanto que, si tu relación contigo no es sana, tu vida no será todo lo bonita que podría ser.

Por el contrario, cuando tienes una relación sana contigo misma, la cosa cambia. Es como convertirte en tu mejor amiga.

Y, cuando eres tu mejor amiga, te acuerdas de ti y la vida empieza a sentirse así:

Cuando algo duele, estás ahí para acompañarte con respeto, cariño y comprensión, y eso hace que el dolor sane.

Cuando te pasa algo importante, estás ahí para darle el valor que tiene para ti, y esto hace que te sientas cuidada.

Cuando te sientes insegura, estás ahí para confiar en ti, y esto hace que te sientas más segura.

Cuando algo te preocupa, estás ahí para darte la mano y no sentirte sola.

Cuando necesitas algo, estás ahí para escucharte y dártelo, y esto hace que te sientas satisfecha.

Cuando quieres lograr algo, estás ahí para confiar en ti, esforzarte y luchar por ello, y esto te hace sentirte orgullosa de ti.

Cuando eres tu mejor amiga, te quieres bonito.

¿Te gustaría tener esta relación contigo?

Aunque parezca algo idílico, no lo es, de verdad. Es totalmente posible lograrlo, y también necesario.

Creo que ahora tienes más claro aún lo importantísimo que es que te quieras bonito, y ojalá también tengas más ganas todavía de quererte de este modo.

QUERERTE BONITO ESTÁ EN TU MANO

EL ORIGEN

Para comenzar este camino de aprender a quererse bien, necesito contarte algo.

Nací un 8 de octubre en Málaga. Para mí, fue un gran día porque empezó mi vida (o eso creo, porque recordar no recuerdo nada, obviamente). Lo que me han contado es que para mi madre fue un momento agridulce, porque la pobre se asustó mucho antes del parto al ver que los médicos la llevaban de un lado para otro algo estresados mientras le decían: «Vamos a hacer todo lo posible para que salga bien». Y acto seguido la sedaron. Imagínate cómo se despertó de la anestesia. Ella me cuenta que, nada más abrir los ojos, de inmediato preguntó a las enfermeras por mí, y estas le respondieron: «¿Escuchas a ese bebé llorar? Pues esa es tu niña». Y esa era yo. Ahí estaba ya. *Ready* para darlo todo en este mundo. Y mi madre aliviada, como es obvio. Por lo menos esos primeros minutos.

Este fue el primer día de mi vida, y ahí arrancó mi historia, pero, claro, no fui yo quien empezó a escribir los primeros capítulos. Yo era un bebé sin conocimiento de nada en un lugar totalmente nuevo. Necesitaba que me orientaran un poco. Así que fueron mis padres quienes asumieron esa tarea.

No sé si eran conscientes o no, pero, desde ese momento, se convirtieron en los principales responsables de mi vida hasta que yo pudiera valerme por mí misma. Y no hablo solo de alimentarme o vestirme. Hablo de algo mucho más grande: de enseñarme cómo era esto de vivir. ¡Guau! Es fuerte, ¿eh? Cuánta responsabilidad. Iban a ser mis primeros ejemplos, mis referentes para entender cómo se juega a esto que llamamos vida. Y yo, a través de sus ojos, aprendería a conocer este mundo y a conocerme.

Una de las primeras lecciones que tuve que aprender para poder sobrevivir fue cómo comportarme para que me quisieran. Y es que **el amor es una de las necesidades más esenciales de los humanos**. O sea que tú, que eres humana, también tuviste que aprender rápido una estrategia para lograr que te quisieran, porque es lo que hacemos todas las personas cuando nacemos. No nos queda otra que empezar a adaptarnos a este mundo y a las situaciones que se dan en él. Y lo hacemos de una forma bastante sencilla: ensayo-error.

Por ejemplo, si lloro y mis padres me atienden, aprendo que llorar me da lo que quiero. Así, guardo esta estrategia para futuras ocasiones en las que necesite llamar su atención. Si, por el contrario, pego o grito y mis padres se enfadan y me ignoran, descubro que esa conducta no me proporciona lo que busco, así que la descarto. A medida que crecemos, desarrollamos estrategias más complejas, pero el proceso sigue siendo el mismo: probamos comportamientos y, si funcionan, los guardamos; si no, mejor lo desechamos.

Así es como tú, yo y todos aprendemos a relacionarnos, no solo con los demás, sino también con nosotras mismas.

Y te pongo un ejemplo para que puedas entender mejor a qué me refiero con esto de aprender a relacionarnos con nosotras mismas.

Imagina que durante tu etapa escolar tus padres no te felicitaban por las buenas notas, pero te regañaban y castigaban cuando sacabas malas notas. ¿Cómo crees que vas a tratarte tú cuando esto pase? ¿Crees que, cuando saques malas notas, serás supercomprensiva y amable contigo misma? Pues, obviamente, no. Te tratarás como ellos lo hicieron contigo. No es magia, es comportamiento aprendido. Repetimos lo que vemos. Es imposible que una persona tenga un comportamiento que no ha visto antes. Es decir, si hoy te comportas de determinada manera, significa que has visto antes en otra persona ese comportamiento; si no, no lo harías.

Y fíjate que digo que lo has *visto* anteriormente en otra persona y no *escuchado*, porque lo que vemos no siempre es lo mismo que lo que escuchamos, y lo que vemos tiene mucho más impacto en nuestro aprendizaje que lo que escuchamos. Si tu madre te dice a gritos que no grites, escuchas:

«No grites», pero lo que ves es que está gritando. Así pues, el mensaje que recibes es «se puede gritar». Si tu padre te dice: «No fumes porque es malo» mientras él fuma, estás escuchando que fumar es malo, pero estás viendo que, aunque sea malo, se puede hacer.

¿Qué crees que te influye más? Pues, como te decía, lo que ves. No sería una sorpresa que gritaras y fumaras en vez de no hacerlo porque, amiga, los actos son nuestros principales ejemplos.

Y te cuento más: no solo nos relacionamos con nosotras mismas como nuestros padres lo hacían con nosotras. Nuestra actitud presente (tanto hacia nosotras mismas como hacia los demás) también tiene mucho que ver con cómo ellos se relacionan consigo mismos.

Me estoy acordando de mi paciente Carmen. Ella tenía dificultades para priorizarse y en una sesión me decía: «Paula, no entiendo por qué me cuesta tanto pensar en mí misma cuando mi madre siempre me dice que piense en mí y haga lo que yo quiera». En ese momento le pregunté: «¿Y cómo se trata tu madre a sí misma? ¿Ella se prioriza?». Se quedó sorprendida y me respondió: «Pues, ahora que lo dices, mi madre está siempre para los demás. De hecho, no dejo de decirle que se cuide más, que haga algo que le guste, o simplemente que se acuerde de ir al médico a mirarse la rodilla, que hace más de un año que le duele. Es más, me enfada ver que no se cuida. Así que creo que no, mi madre no se prioriza. Mi madre pone a todo el mundo antes que a ella». Y le dije: «Entonces ¿cómo vas a saber tú priorizarte si tu principal ejemplo es tu madre y ella, aunque te diga que lo hagas, te está mostrando con sus actos todo lo contrario?».

Y en ese momento le expliqué justo lo que te estoy explicando a ti ahora: **no solo aprendemos a relacionarnos con nosotras mismas teniendo en cuenta lo que nuestros padres nos dicen directamente o cómo nos tratan, sino que a veces lo que hacen y cómo se relacionan con ellos mismos aún tiene una mayor influencia en nosotras.**

Además, si te soy sincera, cuando somos pequeñas, lo que vemos en nuestros padres es como si fuese la verdad absoluta. De forma inconsciente, lo que ellos dicen o hacen, para nosotras es lo mejor, único e irrefutable que debemos reproducir. Y no necesariamente lo vivimos así porque nos lo digan de forma directa, sino porque, en lo relacional, nuestros padres son las personas que tienen más peso en nosotras. Así pues, todo lo que hacen nos influye mucho más y se queda mucho más arraigado en nuestro interior que lo que hacen otras personas (por eso cuesta tanto cambiar todo lo que aprendimos de ellos).

Y es que, aparte de que sean nuestros primeros aprendizajes, son las personas que creemos que más nos quieren, las que quieren lo mejor para nosotras, y esto les da mucho pero que mucho poder. A ellos y a lo que ellos dicen, hacen y piensan.

Sin embargo, se nos olvida que:

Que puedan querer lo mejor para nosotras no significa que sepan qué es lo mejor para nosotras.

Y tampoco significa que sepan de todo, pues, al fin y al cabo, son personas como tú y como yo, solo que con varios años más de ventaja jugando al juego de la vida. Pero, bueno, esto es algo que una niña ni sabe ni tiene por qué entender; lo podemos llegar a comprender cuando somos adultas.

Y te cuento un dato curioso que quiero que recuerdes: para las mujeres, nuestro ejemplo principal como guía para aprender a relacionarnos con nosotras mismas es más nuestra figura materna que la paterna, y en el caso de los hombres ocurre al revés. Para un hijo, influye más cómo su padre se relaciona consigo mismo que cómo lo hace su madre. Así que, si quieres conocer más sobre cómo te relacionas contigo, ya sabes a quién tienes que observar. Puedes descubrir mucho de ti mirando ahí.

Con todo esto, quiero que te quede claro que, aunque hoy digas: «Es que soy así desde siempre» o «Nací así», eso no es del todo cierto. Tú no naciste siendo complaciente o insegura. Lo que pasa es que no te acuerdas de ti cuando naciste, igual que absolutamente nadie. Pero no, no naciste así. Aunque había una carga genética en ti, la mayoría de estas cositas que hoy eres son aprendidas. Sobre todo, de nuestras primeras y más importantes relaciones durante los primeros momentos de nuestra vida, que es cuando se forja nuestra personalidad. O sea que, cuando naces, no puedes elegir cómo relacionarte, cómo quererte, cómo pensar ni cómo ser. Pero ahora es diferente. Ahora, como adulta, sí que puedes.

Puedes decidir cómo continuar escribiendo tu propia historia.

Porque esa es la mejor parte: igual que aprendemos, podemos desaprender y aprender cosas nuevas. No es tarea fácil, pero tampoco imposible. Entre otras cosas, tu objetivo al leer este libro es, en parte, ese: poder cambiar algunos detalles de ti que no son sanos y, así, aprender a quererte mejor. ¿No?

Pues ¡sigamos!

AHORA ES TU RESPONSABILIDAD

Yo: Si a ti te encierran en una habitación, ¿quién es responsable de que tú estés allí: tú o quien te ha encerrado?

Inés (mi paciente): Quien me ha encerrado.

Yo: Vale. Y, una vez que estás encerrada en la habitación y deseas salir, ¿quién tiene la responsabilidad de liberarte?

Inés: No lo sé.

Yo: En parte, tú. Te explico el porqué. Tienes dos opciones para salir de la habitación: la primera opción es esperar a que alguien te abra la puerta, y la segunda opción es encontrar tú misma la manera de salir.

Elegir la primera opción es responsabilizar a los demás de tu liberación. Es la más cómoda, aunque también es la que te deja «vendida» en manos del mundo. Te deja imposibilitada, dependiendo por completo de otro para poder salir de ahí. La verdad es que es la más fácil porque no tienes que hacer nada, solo dejarte llevar y esperar a que hagan algo por ti.

En cambio, la segunda opción, la de hacerte tú responsable, es más difícil. Cuesta más trabajo tener que hacer las cosas tú, pero arremangarte e intentarlo, aunque no lo consigas, te ofrece la posibilidad de salvarte. O sea, no te asegura la salvación, pero, si existiera una mínima posibilidad, la estarías aprovechando.

Ya hemos hablado de que no es nuestra responsabilidad cómo aprendimos a estar en este mundo. Tú no eres la responsable de cómo aprendiste a relacionarte contigo. No pudiste elegir si quererte bonito o no, pero ahora sí que puedes porque:

No somos responsables de nuestras heridas, pero sí somos responsables de sanarlas.

En ti está la oportunidad de hacerte cargo de ti misma, de tu vida, y de hacer algo diferente.

Insisto tanto en esto de la responsabilidad porque, a veces, conocer el origen de las cosas que nos pasan hoy nos lleva a ese hilo conector entre lo que nuestros padres hicieron y lo que nosotras somos. Y, cuando te das cuenta de que algo que no te gusta de ti se debe a que tu madre hizo tal cosa o tu padre aquella otra, da mucha rabia. Lo sé. Da mucha rabia, y esta rabia está bien. Sentirla está bien. Forma parte del proceso de crecimiento: enfadarnos en algún momento con nuestros padres y echarles la culpa de algo o de todo. Pero que sea solo una fase. Que puedas pasar por esta fase y salir de ella. Porque, si te quedas aquí, enfadada con ellos y echándoles la culpa de todo lo que no te gusta, significará que te quedas como en una sala de espera. Te quedas esperando a que sean ellos los que te salven de esta situación. Esperando a que tu vida cambie cuando ellos cambien. Esperando a cambiar cuando ellos te permitan cambiar.

Es quedarte ahí, dependiendo de ellos como cuando eras niña, aunque ahora, de adulta, desees justo lo contrario: la independencia. Así que, por mucho que ellos hayan creado parte de lo que tú te estás comiendo, ahora depende de ti.

Lo siento. Sé que a veces no es fácil escucharlo, y menos aún entenderlo. Sé que puede parecerte injusto, pero ya sabemos que la vida no es justa (ojalá lo fuera, pero no lo es) y, cuanto antes lo asumamos, menos vamos a sufrir.

Y no sé cómo llevas tú este tema, pero a mí me costó lo mío asumir que la vida no era justa. Me sentí como: «¿Y ya está? ¿Tengo que asumir que la vida no es justa y punto? Pues no quiero, me parece injusto que la vida sea injusta». Vaya chasco me llevé yo, que pensaba que todo era una balanza, y que tanto me desvivía por las injusticias.

Pero la verdad es que, cuando se acepta una realidad que no se puede cambiar, se siente calma.

Y esto nos permite dejar de luchar por lo que no se puede cambiar y, entonces, podemos centrarnos en lo que sí que se puede. Como en este caso de tus padres: aceptar que ellos no van a cambiar o que no van a cambiarte te ayuda a centrarte en lo que está en tu mano, y ahí es justo donde consigues trabajar en ese cambio que deseas.

Tómate tu tiempo para digerir todo esto, porque quizá estás en la fase de rabia de la que te he hablado y, como te comentaba, es necesario pasar por ahí. No tienes por qué saltártela rápidamente por estar leyendo esto. Respétate, acepta dónde estás, y que esto que te cuento te sirva para entenderte mejor y no para exigirte más.

IMPORTANTE: Si te das cuenta, en todo momento te hablo de TU responsabilidad, no de TODA la responsabilidad. Con este libro, como te dije, pretendo que tu relación contigo y con tu vida sea más sana, por lo que es importante que quede claro: tan insano es poner tu responsabilidad en el otro como coger la responsabilidad del otro y ponértela a ti.

Aquí hablamos de que cojas tu parte, no *todas* las partes.

CULPA VS. RESPONSABILIDAD

Ante todo, no confundas tener la responsabilidad con ser culpable, por favor. Puede parecer lo mismo, pero no lo es.

Ser responsables de algo no significa que tengamos la culpa de ello.

Volviendo al ejemplo de la habitación: que en tu mano esté la responsabilidad de salir de ahí no significa que tengas la culpa de estar encerrada ahí.

Y es esencial que sepas diferenciarlo, porque, si lo piensas, la culpa nos lleva a sacar el látigo para castigarnos, y esto hace que nos paralicemos y que no cambiemos, mientras que la responsabilidad nos lleva justo a lo contrario. La responsabilidad viene de la mano del cambio. **Si te haces cargo de lo que está en tu mano, puedes luchar por la posibilidad de lograrlo.** Es decir, puedes conseguir salir de la habitación.

Sin embargo, debo admitir que esto de hacerte responsable y de llevar esta responsabilidad a cabo no es fácil. Si lo fuera, todos sabríamos hacerlo, y lo haríamos sin tener que leer un libro o ir a terapia. Y no es fácil porque, entre otras cosas, ser responsable de algo es tener beneficios, pero también da un poco de miedo (o mucho). Significa cargar con el peso de la decisión y tener que lidiar con los momentos desagradables que pueden aparecer, como el fracaso o la frustración.

Voy a contarte más en profundidad a qué me refiero. Si asumes que eres la responsable de tu vida, lo que pase o no en ella será consecuencia de lo que has hecho o has dejado de hacer. Obviamente, no todo.

No tenemos tanto poder como para que todo dependa por completo de nosotras.

Pero sí que tenemos bastante poder de decisión en nuestra mano. Y en este punto es fundamental diferenciar entre lo que *sí* y lo que *no* depende de nosotras.

Respecto a lo que no depende, ya hemos visto que no nos queda otra que aceptarlo (después de digerirlo como podamos). Sin embargo, ante lo que sí depende de nosotras se dan dos posibles reacciones: podemos hacernos las locas y pasar del tema —ya sea porque nos viene grande o porque es incómodo o doloroso— o podemos mirarlo de cara, a pesar de que no sea agradable, y decir: «Vamos pa'lante, poquito a poco, como pueda, pero voy a intentarlo».

El otro día mismo, mi paciente Nerea me decía: «Paula, no tengo planes. No quiero que llegue el fin de semana porque me siento sola. No tengo a nadie con quien salir. Todo el mundo tiene cosas que hacer menos yo».

Entonces hice lo siguiente.

En primer lugar, validé cómo se sentía, porque obviamente ella tenía derecho a sentirse así. Además, esta situación le estaba causando dolor y, cuando una persona viene a terapia con dolor, intento abrazarla con mis palabras, así que le dije: «Entiendo que te sientas sola y siento que te sientas así. Sé que no es fácil para ti estar pasando por esto. Sé, porque me lo has comentado en otras ocasiones, que la soledad es una de las sensaciones que más te duele sentir y sé lo difícil que es para ti lo que me cuentas».

Después, le dejé todo el espacio que necesitó para que pudiera expresar lo que sentía. En esa ocasión, fueron minutos, pero otras veces, con esta misma persona o con cualquier otra, necesitamos muchas sesiones para validar una sola cosa.

Cuando esto ya fue validado, pasé a decirle lo siguiente: «¿Sabes de qué me estoy acordando? De que esto que estás pasando ya lo viviste hace unos años. Recuerdo que hace un par de inviernos me contabas que te sentías sola, y también me acuerdo de la cantidad de planes que hiciste el verano siguiente, ¿te acuerdas?». Se quedó pensativa y respondió: «Sííí».

Así que continué: «Parece que son etapas, ¿no? Hay momentos en los que tienes más vida social y otros en los que hay menos. También me acuerdo de que algunos de los planes te surgieron, pero otros fuiste tú quien los creó, ¿cierto?». Y me dijo: «Sí, el viaje a Almería lo organicé yo». A lo que le dije: «Vale. Entonces en ese momento pusiste de tu parte para que algunos planes salieran adelante, ¿no? ¿Y ahora, crees que estás poniendo todo lo que está en tu mano para que tu vida social sea como deseas? Recuerda que no todo depende de ti. Te pregunto por la parte que sí. Por ejemplo, dime a quién has llamado estas últimas semanas para proponerle hacer algo».

Ella se quedó pensando y me dijo: «Pues, Paula, me estoy dando cuenta de que algo he propuesto, pero, si soy sincera contigo y conmigo, quizá podría haber hecho más. La verdad es que podría tomar más la iniciativa. No lo he estado haciendo porque hay veces que me nublo pensando que los demás van a lo suyo, me sumerjo en el sentimiento de estar sola y dejo de contar con nadie. Pero ahora estoy viendo que eso solo me aísla más y me hace sentir más sola. También quiero tener presente que, si en algún momento me dicen que no a algún plan, aunque me fastidie, debo tener claro que eso no tiene que significar que no quieran estar conmigo, puede ser que no puedan quedar y ya está. Yo me conozco y tiendo a llevármelo a lo personal, y eso hace que no lo intente más, cuando, quizá, lo que me lleve al *sí* es seguir intentándolo».

Tres semanas después, volví a ver a Nerea, y su cara era otra. Le formulé la pregunta que siempre hago nada más empezar la sesión: «¿Cómo estás?». Y me respondió: «Pues, Paula, me encuentro mucho mejor. La sesión del otro día me sirvió mucho para darme cuenta de que había cosas en mi mano para poder tener lo que quería, pero que no las estaba haciendo. Así que estos días me he puesto las pilas y el jueves fui con una chica a tomar café, al día siguiente con un compañero de trabajo a sacar a los perros y mañana me he apuntado a una clase de cerámica con una amiga y una amiga de esa amiga, así conozco a personas nuevas».

Como comprenderéis, me alegré un montón. No puedo remediar el alegrarme por los logros de mis pacientes, y de las personas en general. En este caso, no solo me alegraba que Nerea tuviese ahora una vida social más parecida a la que deseaba. Lo que más me alegraba, el mayor logro de todo esto, era que se había dado cuenta de que tenía en su mano la posibilidad de construir la vida que deseaba; se había responsabilizado de ello y se había puesto manos a la obra.

Y yo sabía que ese aprendizaje no solo le iba a servir para esa ocasión, sino que iba a poder aplicarlo en cualquier otro momento y ámbito de su vida.

Que mis pacientes, o tú que estás leyendo estas páginas, aprendáis esta herramienta que puede serviros para ser más felices me hace feliz a mí también.

Creo que, con este ejemplo, se comprende mejor el concepto de «coger tu responsabilidad» y el beneficio que puede tener esto para ti, ¿verdad?

¿LA QUEJA ES BUENA?

Para ayudarte a que puedas responsabilizarte por completo, tengo que hablarte de la queja. Si sigues leyendo, en nada entenderás a qué me refiero.

Muchas veces, en terapia, cuando una paciente viene quejándose de algo, entiendo que necesita eso: quejarse. Sé que quejarse es sano, nos ayuda a desahogarnos y forma parte del proceso de regulación. Por ello, le doy espacio para que pueda quejarse del novio, de la madre o de quien necesite.

Peeero la queja no siempre es sana.

Por ejemplo, imagínate que eres mi paciente y vienes a la primera sesión y me dices: «Paula, es que la gente siempre igual, no paran de pedir, no se dan cuenta de que yo tengo vida, no me cuidan». Yo te escucho y te doy espacio para que te quejes.

Pero ahora imagínate que ya has venido a cinco sesiones (por poner un número, ¿vale?, que esto no es una ciencia exacta) y en todas ellas has llegado quejándote de lo mismo, y yo solo te he dado espacio para que te quejes. ¿Crees que de esta forma te estaría ayudando?

La realidad es que, por una parte, sí, porque, al escucharte y darte este espacio, te estoy validando. Pero con el paso del tiempo esto quizá no sea suficiente. Para saber si seguir dándote este espacio para la queja o probar otra cosa, te haré una pregunta: «Eso de lo que te estás quejando, ¿puede cambiar?». Si la respuesta es que no, pues a quejarnos y desahogarnos hasta que logremos la aceptación. Pero, si la respuesta es que sí, pasamos a la siguiente pregunta: «Si se puede cambiar, ¿hay algo en tu mano para hacerlo?». De nuevo, si la respuesta es que no, volvemos a permitir la queja el tiempo que haga falta hasta la aceptación. Pero, si la respuesta es que sí, podemos ir al siguiente paso y preguntar: «¿Quieres hacer algo para cambiarlo?». Si es que no, entonces aceptemos lo que hay y listo, pero, si es que sí, vamos a por ello. Porque, cuando la queja es por algo que la persona puede y quiere cambiar, significa que necesita algo más (aunque quizá en ese momento no lo vea, pero para eso estamos las psicólogas, y para eso te cuento yo todo esto, para que tú también lo aprendas a hacer contigo misma).

Cuando una persona está instalada en la queja, significa que tiene puesto el foco hacia fuera.

Sin embargo, el cambio no se da mirando hacia fuera, sino hacia dentro, colocando el foco en una misma.

Y, para que esto ocurra, el siguiente paso que la persona necesita es la confrontación.

Al principio del libro te mencioné esta palabra, y ahora quiero hablar un poquito más sobre qué es esto de la confrontación. Las psicólogas usamos la «confrontación» como herramienta para ayudar a la persona a que vea más allá de lo que está viendo, o para que pueda ver lo mismo que está mirando, pero de una forma diferente.

La verdad es que, si no hay confrontación, no hay crecimiento. Tanto en la terapia como en la vida. Aunque, cuidado, porque confrontar, o confrontarnos, no es hablarnos mal. Para nada. La confrontación se hace desde el respeto; si no, no sirve. Aunque es cierto que, a pesar de hacerla con respeto, puede crear incomodidad, pero es que la incomodidad forma parte del crecimiento. O, mejor dicho, sentir incomodidad es en muchas ocasiones señal de crecimiento. Aprovecho para decirte que a esto se le llama *growing pain* (malestar de crecimiento). Este dolor no es el que te avisa de algo malo para que salgas de ahí, sino todo lo contrario: indica que estás justo donde debes estar para llegar al lugar que deseas.

Al explicarte esto, me acuerdo de Isi, uno de mis pacientes, que justo ayer me decía: «Paula, siento en mí un vacío inmenso muy incómodo, pero tengo claro que quiero vivir y sostener esta incomodidad. No voy a evitarla por mucho que me moleste, porque sé que es necesaria para poder deshacer este nudo que siento, avanzar y crecer». Pues justo esa incomodidad de la que hablaba mi paciente es un ejemplo de *growing pain*.

Después de este paréntesis para explicarte la confrontación y el *growing pain*, vuelvo a lo que hablábamos sobre la queja.

Eres mi paciente y, después de varios días quejándote por algo, yo, que quiero hacer bien mi trabajo, voy a confrontarte a ti, mi paciente. ¿Cómo? Ahora verás:

Tú (paciente): Paula, es que la gente no para de pedirme cosas, no se dan cuenta de que tengo vida, no me cuidan. El otro día, otra vez tuve que ir a recoger a mi hermana después de estar todo el día trabajando, y tuve que aguantar que, cuando llegué a casa, mi novio no había preparado nada para cenar y me tocó ponerme a hacerlo yo. Estoy cansada.

Yo (terapeuta): Entiendo que cada vez estés más cansada porque no es solo este día; llevas muchos días viviendo estas situaciones. Ojalá ellos se dieran cuenta de que también existes y te cuidaran como necesitas. Todo sería más fácil. Pero la realidad es que esto no siempre es posible. No es posible que siempre nos cuiden como necesitamos. Pero quiero dejar de hablar de ellos. Vamos a poner el foco en ti. Y, para eso, quiero preguntarte: ¿tú te estás cuidando? Porque tú ves claramente que ellos no lo están haciendo, pero ¿y tú?

Tú: Quizá no me estoy cuidando, pero es que, si ellos no cambian, yo no puedo hacer nada.

Yo: Cómo que no, ¡claro que sí! Sí que puedes hacer algo. No todas estas situaciones dependen de ti por completo, pero hay una parte que sí. De la situación con tu hermana y con tu novio, ¿cuál es la parte que depende de ti para poder cuidarte en todo esto?

Tú: No lo sé, quizá podría haber dicho que no. Que no puedo ir a recoger a mi hermana hoy porque ya estoy cansada del trabajo. Y, con respecto a mi novio, podría haberle pedido que él preparara la cena y también mostrarle que no me gusta y me enfada que no lo haga cuando está en casa y yo llego de trabajar agotada.

Yo: Vale, pues fíjate: de ti no depende que te pidan o no ir a recoger a tu hermana, ni tampoco que tu novio se levante del sofá y haga la cena. Sin embargo, de ti sí que depende decir que no, y explicar cómo te sientes ante esas situaciones. De ti sí que depende poner límites para cuidarte, y quizá esto sirva de motor para que algo cambie.

De verdad, sé que crees que sería más fácil si los demás actuaran de forma diferente, pero la realidad es que, aunque lo hicieran, es imposible que lo de alrededor siempre encaje a la perfección con lo que necesitas o deseas. Y no ocurre solo porque lo hagan mal —aunque a veces, claro que sí, lo hacen fatal—, sino porque es imposible que de forma natural todo fluya y cuadre, por mucho que todos lo hagan de la mejor forma posible. Por eso, si cada uno se encarga de su parte, estaremos más cerca de ese encaje «perfecto» que si cada uno espera a que sea el otro el que cambie o adivine cómo tiene que hacerlo.

Lo más inteligente es que cada uno comience por su parte y ya veremos qué hacemos con la del otro. ¿No te parece?

Con la queja te desahogas, pero no cambias la realidad de la que te estás quejando.

En muchas ocasiones, les digo a mis pacientes: «A mí me encantaría tirarme la hora de la sesión quejándome contigo. Seguramente te caería genial, como esa amiga que se compincha contigo para criticar a la que te cae mal. Pero yo no soy tu amiga, soy tu terapeuta, y sé que eso está bien un rato, pero que el siguiente pasito, el de confrontar, es totalmente necesario para ayudarte a ver cuál es tu responsabilidad. Para que la cojas y la uses para cambiar lo que no te gusta». De hecho, como te decía antes, si no se da esta fase, directamente no avanzamos.

Te invito a que esto mismo que he hecho en el diálogo que acabas de leer lo hagas tú contigo cuando te des cuenta de que te estás quejando de algo concreto repetidas veces. Recuerda darte el tiempo y el espacio para poder quejarte de todo lo que necesites. Pero, antes de caer en la queja crónica, párate y observa qué está en tu mano para poder cambiar esa situación, y, si hay algo, intenta ir hacia ello.

> **Tan insano es no permitirte quejarte de nada como estar continuamente quejándote de todo y que esta queja dure eternamente.**

Así que quéjate un rato y, después, ponte las pilas.

Una vez que hemos entendido de dónde venimos y cómo hemos aprendido a comportarnos con nosotras mismas, ahora que hemos comprendido la diferencia entre la culpa y la responsabilidad y nos hemos responsabilizado de nosotras y de nuestra vida, podemos pasar al siguiente paso. Así que vamos a ello.

LA IMPORTANCIA DEL CÓMO TE VES

AUTOCONCEPTO

¿Cómo eres? Párate un momento y pregúntate: «¿Cómo soy?».

O, mejor aún, vamos a seguir con la idea de que tú eres mi paciente y yo soy tu terapeuta. Estamos en una sesión y te pido que cojas un folio en blanco y material para dibujar (hazlo, ¡corre!, te espero). Si ya lo tienes todo preparado, te propongo que observes tu respiración (solo obsérvala, no la modifiques). Ahora que has conectado con tu respiración, estás en conexión contigo, y te invito a que pienses en ti. Concretamente, piensa en cómo te ves a ti misma (tanto física como personalmente). Y, ahora que estás pensando en ti y en cómo te ves, sin pararte a pensarlo mucho más, dibújate en ese folio en blanco que hay frente a ti.

¿Qué tal?

En este momento, muchas personas se bloquean. Es totalmente natural, sobre todo en aquellas que tienden a ser perfeccionistas, porque se encuentran ante una tarea que no controlan y que, como todas, desean hacer perfectamente bien.

Cuando llegamos a este punto, les explico, como te cuento a ti ahora, que no estamos en una clase de arte y que no voy a juzgar su dibujo ni a medir si artísticamente está bien o no. Aquí lo único importante es hacerlo y, salga como salga, servirá.

Muchas personas se relajan, otras no, pero todas se entregan e intentan hacerlo como pueden.

Así que hazlo. Sin pensar mucho.

Una vez que te hayas dibujado, te pido que, en ese mismo folio, escribas las respuestas a las siguientes preguntas:

- ¿Cuáles son tus características principales?
- ¿Qué habilidades se te dan bien y cuáles no tan bien?
- ¿Cuáles son las cosas de ti que te dan seguridad y cuáles las que te dan inseguridad?
- ¿Qué aspectos de ti consideras más valiosos y cuáles menos?

Las respuestas a estas preguntas tienen que ver con cómo te ves, así que, una vez las hayas respondido, ya tienes delante de ti, en ese folio, tu retrato junto con cómo te ves.

¿Qué tal? ¿Cómo te sientes?

Tómate el tiempo que necesites para observar cómo te sientes, y trata de hacerlo desde el respeto. Respeta las emociones o sensaciones que te vengan; sean cuales sean, son bienvenidas, no hace falta que las entiendas, solo que no las juzgues ni te juzgues.

Ahora quiero preguntarte otra cosa: ¿qué crees qué contestarían las personas de tu alrededor a esas mismas preguntas?

Con un color diferente al que has usado antes para responder, rodea las palabras que ya hay escritas en tu folio que coinciden con las respuestas que daría tu entorno sobre ti. Por ejemplo, si has puesto cariñosa y piensas que tu madre lo diría de ti, rodea esa palabra. Y las que podrían decir de ti, pero tú no has pensado, escríbelas con este nuevo color.

Vale, una vez que hayas terminado de escribir cómo crees que los demás te ven, justo en ese momento, tienes frente a ti una representación de tu autoconcepto (la idea que tienes de ti misma) junto con el concepto que crees que tienen los demás de ti.

Ambos están totalmente relacionados, y ahora te contaré por qué. Pero, antes que nada, vamos a pararnos un poquito, porque quiero que de verdad respondas a estas preguntas. No tienes por qué hacer exactamente este ejercicio que te acabo de explicar que hago yo con mis pacientes. Aunque, si quisieras hacerlo, sería genial, porque te ayudaría a ver más claro cómo te ves a ti misma. Y, sinceramente, eso, aparte de útil, es guay, porque es dedicar tiempo a reflexionar sobre ti, a conocerte un poquito mejor y a tomar más consciencia de algunas cosas que quizá ya sabías, pero que a veces necesitamos ver con mayor claridad. Incluso puede ser una oportunidad para darte cuenta de cosas que tal vez ni sabías sobre ti.

Por ello, si quieres hacerlo, estupendo, y, si no quieres hacerlo, no pasa nada. Pero intenta por lo menos pensar un poquito en ti. En cómo te ves tú y en cómo te ven los demás. Haz una pequeña reflexión. Este es un paso fundamental para conseguir nuestro objetivo de aprender a querernos bonito.

Vale, una vez que ya has llevado a cabo esto (como verás, confío en ti y doy por sentado que lo has hecho, je, je, je), quiero contarte que el hecho de que el cómo te ves tú coincida con el cómo te ven los demás no es casualidad. Es justo la prueba de que:

**Nos vemos como nos ven,
y nos ven como nos vemos.**

Las personas de nuestro alrededor actúan como un espejo para nosotras. Son quienes nos devuelven la imagen de quiénes somos, por lo que, según cómo hayan sido o sean estos espejos, esa será la imagen que tendrás de ti. Si las personas más determinantes de tu vida, tu entorno social y familiar, han sabido verte en tu totalidad, con tus luces y tus sombras, sin encasillarte ni etiquetarte, sin exagerar ni minimizar cómo eres, será muy posible que tu autoconcepto sea realista, que quiere decir que la imagen que tienes de ti misma se acercará mucho a cómo eres. Por el contrario, si ha habido una mirada distorsionada hacia ti, es muy posible que la imagen que tengas de ti misma no recoja por completo cómo eres en realidad.

Y es que **creemos que somos quienes nos dicen que somos, no quienes realmente somos**. Y esto es una cadena que se retroalimenta: lo que te dicen que eres es cómo terminas creyendo que eres y en lo que te acabas convirtiendo. Como a quien le han dicho de pequeña que no se le dan bien las matemáticas y se rinde a la primera en un cálculo matemático. Y ahora es una adulta que no tiene mucho manejo de cuentas y yo me pregunto: ¿será porque no tiene capacidad o porque dejó de intentarlo porque le dijeron que no se le daba bien?

No siempre somos quienes creemos ser, y esto puede ser una gran noticia.

¿ES SANO TU AUTOCONCEPTO?

Ya sabes cómo te ves, pero ¿realmente eres así?, ¿es tu autoconcepto sano?

Un autoconcepto sano no es aquel que recoge las cualidades que deseas tener, ni tampoco un autoconcepto insano es el que está lleno de adjetivos «no deseados». Que tu autoconcepto sea sano o no lo sea no depende de las características que metamos en él, sino de si estas características definen de verdad cómo eres. Si el autoconcepto es realista, flexible, equilibrado y coherente, es un autoconcepto sano. Mientras que, si es distorsionado, rígido, polarizado y poco o nada coherente, es un autoconcepto insano.

Es probable que ahora mismo te estés preguntando: «¿Y cómo es mi autoconcepto?, ¿es sano o no?». Para que puedas responderte a estas preguntas, quiero ponerte un par de ejemplos.

Mi paciente Teresa se consideraba una persona vaga, inconstante y poco responsable. En las sesiones, a menudo me decía cosas como: «Es que nunca termino nada», «soy un desastre», «siempre lo dejo todo para el último momento» o «no voy a cambiar nunca».

Para mí, lo que Teresa decía sobre ella misma fue más que suficiente, no solo para conocer parte de su autoconcepto, sino también para saber que este no era sano. Y no porque los adjetivos con los que se identificaba fueran «malos», sino porque una persona que habla de sí misma en absoluto (usando «siempre», «nunca», «todo» o «nada») significa que tiene un autoconcepto distorsionado y, por tanto, insano.

Maruchi, otra paciente, después de realizar el ejercicio que te he planteado al principio de este capítulo, me dijo: «Me considero una persona bastante responsable, aunque a veces no lo he sido; también soy bastante constante, aunque en las cosas que me interesan poco, me cuesta serlo. Podría decir que casi siempre consigo lo que me propongo, pero no siempre; acuérdate del carnet del coche, que todavía lo tengo ahí pendiente».

Esas palabras de Maruchi fueron más que suficientes para conocer parte de su autoconcepto e identificar que este era sano. ¿Sabes por qué? Porque Maruchi no hablaba de ella en absoluto. Estaba recogiendo todas las partes. Hablaba de cuando sí había sido responsable y de cuando no. Mencionaba «casi siempre», pero no decía «siempre» ni «nunca». Y esto es señal de un autoconcepto realista y coherente, porque se basa en la realidad de su historia, no en una percepción distorsionada o exagerada, y flexible, porque no solo recoge lo malo, sino que tiene en cuenta todas sus partes.

Ahora que conoces el caso de Teresa y de Maruchi, ¿con cuál te identificas más? No te fijes en las cualidades que ellas mencionan, sino en cómo se expresan. Siendo honesta contigo misma, ¿sueles hablar de ti en absolutos, usando el «todo», «nada», «nunca» o «siempre» como Teresa?, ¿o sueles mirar solo una parte de ti (normalmente la que menos te gusta)? Si tu respuesta a estas dos preguntas es que sí, significa que tu autoconcepto necesita sanarse. Que no estás viéndote en tu totalidad y que es posible que la imagen que tienes de ti misma te esté impidiendo verte cómo eres de verdad. Si, por el contrario, te identificas más con el discurso de Maruchi, tu autoconcepto tiene pinta de ser más sano, así que a reforzar que siga siendo así y a seguir aprendiendo para mantenerte ahí y no caer en la distorsión.

Tanto si te has dado cuenta de que tu autoconcepto es insano como si es sano, quiero preguntarte algo: ¿te apetece conocerte mejor y estás abierta a descubrir cosas nuevas de ti?

Pues eso es lo que vas a encontrar en el camino de sanar tu autoconcepto.

Lo que vamos a hacer para que tu autoconcepto sea cada vez más sano es: buscar pruebas y cuestionarte.

Sí, porque **cuestionarnos es lo que nos permite ver más allá de lo que hoy vemos**. Si nos quedamos rígidas en la idea preconcebida de quiénes somos, ¿quién sabe si estamos perdiéndonos conocernos de verdad?, ¿quién nos dice que no somos diferentes a lo que creemos que somos?

¿Quién sabe cuánto te puede estar limitando la imagen que tienes de ti misma?

Para no quedarnos con la duda, como te comentaba, vamos a cuestionarnos y a buscar pruebas.

Así es como yo lo he hecho conmigo y como lo hago con mis pacientes.

Por ejemplo, un día, Teresa, la paciente de la que te he hablado antes, me dijo: «No soy capaz de cumplir con nada de lo que me propongo», a lo que le pregunté: «Teresa, ¿cuánto tiempo llevas viniendo a terapia?». Ella respondió: «Cinco meses», y yo continué: «Llevar cinco meses en terapia con continuidad en las sesiones, ¿es de no cumplir lo que te propones?, ¿es de irresponsable, inconstante y vaga?». Se quedó pensando y me dijo: «Bueno, creo que es la primera vez que estoy siendo constante en algo. De hecho, es la primera vez que aguanto tanto en terapia».

Una parte de Teresa no quería soltar la idea de que es irresponsable, vaga e inconstante, porque eso es lo que hacemos con lo que creemos que somos: nos agarramos a ello como si nuestra vida estuviera en juego. Pero otra parte de Teresa se había abierto un poquito a verse diferente. Ya había algo menos de rigidez en su autoconcepto y más posibilidad de coherencia. Seguí y añadí: «Entonces ¿es cierto eso de que no eres capaz de cumplir con nada de lo que te propones?», a lo que me respondió: «Bueno, visto así, no. La mayoría de las veces no cumplo, pero ahora con la terapia estoy cumpliendo».

Teresa empezaba a recoger todas las partes, y esto la ayudaría a tener una visión más realista de sí misma. Pero aquí no acabó nuestra conversación. Quise preguntarle algo importante: «¿Te sientes igual contigo misma diciendo: "No cumplo con nada de lo que me propongo" que ahora que has dicho: "Estoy cumpliendo con la terapia"?». Y me respondió: «No. Me siento mucho mejor ahora. Me ha alegrado ver que esto sí que lo estoy consiguiendo, que sí que puedo. Creo que me siento un poco orgullosa de mí».

Para mí, era fundamental hacerle esta última pregunta, pues quería que se diera cuenta de algo que quiero que ahora tú también comprendas:

A veces, para sentirnos a gusto con nosotras mismas, no necesitamos cambiar quiénes somos, sino cómo nos miramos.

Y es que, cuando cambiamos cómo nos vemos, cambia cómo nos sentimos. **Y en ese punto también cambia nuestra confianza en nosotras mismas, nuestra seguridad y autoestima.**

Ahora te toca a ti. Hazlo contigo. Cuestiónate. Confróntate. Busca pruebas que corroboren cómo crees que eres y también que lo contradigan. Descubre cuáles han sido los espejos que te han devuelto la imagen que tienes hoy de ti misma. Revisa cuáles son constructivos para ti y cuáles no. Cuestiónalos y elige con qué espejo te quedas y cuál ya no te sirve. Pregúntate: «¿Y si no soy solo eso?, ¿y si no siempre soy así?, ¿y si soy más de lo que veo en mí?, ¿y si ya no soy eso?».

Haz esto que te propongo hoy y llévatelo contigo para siempre. Para que, cada vez que estés solo viendo la parte que no te gusta de ti o cuando estés hablando en absoluto, te des cuenta y puedas recordarte que son señales de que te estás mirando de forma distorsionada y de que tú no eres solo eso. Y así, con estas herramientas, te ayudes a limpiar esa mirada para que sea más realista.

Es cierto que buscar la verdad sobre quiénes somos no siempre es agradable, porque a veces puedes ver algo en ti que no te gusta y quizá pases un mal trago, pero, sin duda, será útil. Te servirá para conocerte y estar más cerca de aceptarte.

Recuerda que un autoconcepto sano no significa tener todas las cualidades que deseas, sino contar con la capacidad de reconocer la verdad de cómo eres en su totalidad, con las cualidades que más te gustan y las que menos.

Y algo que quiero decirte porque a mí me sirve mucho y creo que explica muy bien la relación que hay entre un autoconcepto sano y quererse bonito es:

Solo se conoce de verdad quien es capaz de reconocer sus luces y sus sombras, y solo se quiere de verdad quien las abraza.

IMPORTANTE: Esto de descubrir quiénes somos no solo incumbe lo psicológico, también es una cuestión filosófica. Pues saber quiénes somos no es algo estático, sino, en cierta manera, cambiante. Por eso, la forma de estar conectadas a quienes somos es a través de la consciencia, la conexión con nosotras mismas y la reflexión.

¿ES MALO CÓMO ERES?

Hace tiempo, Luisa, una paciente que es madre, me contaba en sesión que le dolía mucho no tener la relación que quería con su hija. Me decía que su hija es una chica poco expresiva, reservada con la familia, y con un tempo lento a la hora de hacer tareas. Mientras lo relataba, la percibí enfadada y algo frustrada. Le pregunté si ella también era así, y su respuesta fue: «¡Todo lo contrario! Yo soy muy expresiva, estoy en continuo contacto con mis hermanas y mi padre. Y soy muy eficaz; tengo que hacer las cosas en el momento, no soporto tener tareas pendientes».

Con mucho tacto, le pregunté si consideraba que su forma de ser era mejor que la de su hija. Su respuesta, en voz baja, fue «Sí». No fue fácil para Luisa reconocerlo —lo sé—, pero fue valiente, y lo admitió.

Sin embargo, si te soy sincera, no vengo a hablarte de Luisa, más bien quiero hablarte de su hija, Cristina. Por eso, quiero preguntarte: sabiendo lo que Luisa piensa de su hija, ¿cómo crees que Cristina se percibe a sí misma?

Basándome en la cantidad de experiencias que conozco, lo más probable es que sienta que no está bien como es. Y que, por tanto, crea que necesita cambiar para ser válida o querida. Porque, aunque su madre no lo desee de un modo consciente, en el fondo es lo que le transmite.

La manera en la que Cristina se ve a sí misma está profundamente condicionada por cómo su madre la percibe y se fundamenta en criterios que ella misma aprendió —probablemente heredados de la abuela y transmitidos por generación—. Así, lo que para Luisa es «correcto» o «aceptable» se convierte, sin quererlo, en una vara de medir para Cristina.

Si para esta madre ser reservada es algo «malo» (o, al menos, peor que no serlo) y la hija se percibe como tal, automáticamente sentirá que ser así es incorrecto, que de alguna manera está «fallando». **Y, cuando sientes que algo esencial de tu forma de ser está mal, la consecuencia casi inevitable es intentar cambiar para encajar, aunque eso suponga alejarte de tu esencia.**

¿Cuál de estas formas crees que es mejor? ¿La de la madre o la de la hija? ¿Cuál es la buena y la correcta, y cuál es la mala y la incorrecta?

¿De verdad existe una forma de ser «mejor» que otra? Si fuera así, ¿quién decide qué es lo bueno y lo correcto… y qué es lo malo y lo incorrecto?

Me alegra decirte —y espero de verdad que lo entiendas— que ninguna de las dos formas es «mejor» o «peor».

Tan válido es ser reservada y preservar tu intimidad como abrirte y mostrar lo que sientes. Tan comprensible es querer hacer las cosas de inmediato como preferir dejarlas para más tarde.

A pesar de que no sea así como lo hemos aprendido, **las cualidades no son buenas o malas en sí mismas; su valor depende del contexto**. Por ejemplo, ser reservada podría dificultar crear un vínculo afectivo profundo de forma rápida si tu objetivo es establecer una conexión emocional con alguien que has conocido. Sin embargo, ser reservada puede ser muy útil para proteger tu energía, cuidar tu tiempo y construir un mundo interior más sólido, sin depender tanto de la validación externa.

Pero ¿por qué te cuento todo esto? Porque, cuando creemos que algo en nosotras es «bueno», lo ensalzamos, lo mostramos y nos sentimos orgullosas de ello. Mientras que, cuando creemos que algo es «malo», lo criticamos, lo ocultamos y hasta nos avergonzamos de ello.

Si percibimos que lo que somos es válido, nos sentiremos seguras, en paz con nosotras mismas, y nuestra autoestima estará fuerte. Por el contrario, si creemos que lo que somos está mal, nos sentiremos inseguras y nuestra autoestima estará más «blandita».

Por eso es tan importante que entiendas que **está bien como eres**. Que tus cualidades son igual de valiosas que las de cualquier otra persona, incluso si son justo las opuestas. Porque recuerda que no son mejores ni peores, sino que todas, según el momento, pueden ser más o menos útiles.

Quizá eso que hoy crees que «no está bien» en ti en realidad sí lo esté.

Puede que simplemente aprendieras a verte con los ojos de alguien que aún no sabía que **todas las formas de ser son válidas y merecen ser aceptadas y respetadas.**

Pero ahora *tú ya lo sabes*, y eso te da la oportunidad de empezar a mirarte con otros ojos.

COTILLEO: Luisa entendió que la forma de funcionar de su hija no era peor que la suya, lo que le permitió aceptarla y respetarla más. Incluso aprendió de ella, porque se dio cuenta de que muchas de sus cualidades podían ayudarla a mejorar en su propia vida. Dejó de sentir enfado y frustración, y dejó de intentar cambiarla. Sí, todavía hay aspectos de Cristina que no le gustan, pero la acepta tal y como es. La hija percibió ese cambio, notó que Luisa ya no luchaba tanto por cambiarla y eso la ayudó a sentirse más tranquila con ella misma, de modo que la relación entre ambas mejoró. Por fin pudieron tener el vínculo que deseaban, sin cambiar quiénes eran, sino cambiando cómo se miraban.

NOTA: Revisa de vez en cuando tus propios criterios sobre qué está «bien» o «mal». Descubre si los has elegido tú o si son aprendidos, y decide cuáles quieres mantener y cuáles deseas transformar. Mírate y valórate según tus propios ojos, no según los de los demás. Y recuerda que el mayor mal no está en cómo eres, sino en cómo te miras.

IMPRESCINDIBLES PARA QUERERTE BIEN

ACÉPTATE

Tú, así como eres, con las cosas que te gustan y las que no, eres más que suficiente para poder tener una relación saludable contigo, ser tu mejor amiga y quererte bonito.

Porque el primer gran secreto es que:

Para tener una relación sana contigo misma no tienes que ser perfecta, sino aceptar tus imperfecciones.

Para quererte bonito no tiene por qué gustarte todo de ti, sino respetar lo que no te gusta igual que respetas lo que sí.

Algunas hemos aprendido, de forma errónea, que el amor es extremadamente condicional. Que nos queremos mientras nos gustamos y que, si no te gustas, no te quieres. Por lo que pones toda tu energía en intentar cambiarte para poder gustarte, porque crees que de ese modo conseguirás quererte. Y siento decirte que esto no va así.

Esto no va de que para quererte tengas que perder kilos, lucir una piel más bonita, estar siempre dispuesta con un «sí a todo» o dejar de ser complaciente.

Esto va de quererte peses lo que peses, viéndote como sea que te veas, sintiéndote como te sientas y complaciendo lo que complazcas.

El amor sano no se construye desde el rechazo, sino desde la aceptación.

Solo cuando aceptas cómo eres puedes respetarte y quererte bonito.

Solo cuando te reconoces y aceptas, puedes llegar a ser la mejor versión de ti. ¿O crees que se puede construir una relación sana a base de reproches, culpa y castigo? Una relación sana se construye a base de escucha, comprensión, amabilidad y respeto.

Y, sí, sigo hablando de tu relación contigo misma, aunque también es aplicable a cualquier otra relación.

No vas a ser más feliz cuanto más te acerques a la imagen que quieres ser. Vas a ser más feliz cuanto mejor te acompañes en ser esa imagen que quieres ser.

Fíjate en que esto no va de quedarnos tal como somos, no va de no cambiar y esperar el milagro, ni tampoco de tener que cambiar por encima de todo, de cualquier modo, creyendo que en el cambio vamos a encontrar la solución a nuestra vida y, con ello, el bienestar absoluto. No. Esto no va de absolutos, va de grises.

Puedes aceptar como eres, puedes respetarte tal como eres y, a su vez, puedes querer cambiar, avanzar y mejorar.

La aceptación es muy fácil cuando lo que tenemos que aceptar nos gusta, pero es tremendamente difícil cuando lo que tenemos que aceptar no nos gusta. Nuestra respuesta automática hacia lo que no nos gusta es el rechazo. Pero ¿tenemos el poder de cambiar el rechazo por aceptación? La respuesta es sí.

Para aceptar lo que no nos gusta es muy útil recordar que no somos perfectas. No tenemos que serlo para ser válidas y querernos o que nos quieran.

Entender esto es *descansar*. Significa dejar de luchar para que todo esté bien, dejar de buscar para encontrarnos satisfechas, seguras y felices.

Porque no serás más feliz cuanto mejor seas. Serás más feliz cuanto mejor aceptes como eres y mejor te acompañes.

No necesitas tener un máster ni la barriga plana para aceptarte.

No necesitas ser sociable e inteligente para cuidarte.

No necesitas ser risueña y guapa para respetarte.

No necesitas ser independiente y divertida para quererte.

No necesitas más que estar dispuesta a quererte.
Porque, tal como eres, puedes aceptarte, cuidarte, respetarte y quererte.

NOTA: Aceptación no es conformismo. Aceptar no significa que no puedas cambiar, sino que puedas hacerlo desde una calma y un respeto que te permitan sentirte satisfecha contigo misma, aunque aún no hayas llegado a ese cambio que deseas. De hecho, a veces, sin la aceptación no se da el cambio real. Porque, por ejemplo, cuando acepto que soy insegura, puedo llegar a ser más segura, mientras que, cuando no acepto mi inseguridad y la rechazo, me siento más insegura y, por lo tanto, más difícil es lograr el cambio que deseo.

RESPÉTATE

Estoy en el tren y acabo de ver cómo una chica ha pasado al lado de la persona que está frente a mí y con su bolso le ha tirado el café, y ni siquiera se ha dignado a pedirle disculpas ni a ayudarla. Pensaba que no se había dado cuenta, pero se ve que sí, solo que ha pasado totalmente del tema. Esto me ha recordado a cuando hace una semana presencié cómo un chaval, todo ilusionado, le contaba a su padre de qué iba su película favorita, a lo que el padre le respondió: «Menudas tonterías te gustan». Y también me ha recordado a cuando mi amiga está triste o cansada y su novio le dice que siempre está igual y que es una intensa y una sensible.

¿Te imaginas por qué relaciono estas historias? Ya te lo digo yo: porque todas son faltas de respeto. Es una falta de respeto que la chica no se haga responsable de su acto, no se disculpe ni intente solucionar el daño que ha causado. Es una falta de respeto que ese padre ridiculice lo que su hijo le cuenta con entusiasmo. Y es una falta de respeto que el novio de mi amiga invalide sus emociones.

Me pregunto cómo se sentirán estas personas. Por un lado, reflexiono sobre qué le estará pasando o le habrá pasado a esa chica, a ese padre y a ese novio para llegar a comportarse con alguien de una forma tan despreciable —aunque no pretendo justificar para nada esos comportamientos, simplemente quiero llegar a entenderlos, que es diferente—. Y, por otro lado, pienso en cómo se sienten el pasajero del tren, ese hijo y esa novia al recibir ese comportamiento de mierda.

¿Cómo crees tú que se sienten? ¿Cómo crees que se siente alguien cuando le faltan al respeto? ¿Cómo te has sentido tú cuando te han faltado al respeto de cualquiera de las maneras posibles?

Cuando ocurre de forma puntual, por lo general duele y a veces enfada. Sin embargo, cuando pasa de forma recurrente y por parte de alguien que está en tu día a día, te revienta. Revienta tu seguridad, tu autoestima, tu salud y tu vida. Y no exagero. Si lo has vivido, sabrás bien que no miento.

Por eso es tan importante que hablemos del respeto. Porque una relación en la que no hay respeto es una relación que nos daña y nos aleja de ese amor sano que andamos buscando.

Al hilo de todo esto, y para que quede más claro aún, quiero compartir contigo una **lista de todas las cosas que pienso que no son respeto**:

No tener en consideración a una persona.

No agradecer.

Ridiculizar.

Insultar.

Despreciar/menospreciar.

Reírte de una persona.

Ocultar a una persona.

Tratar con indiferencia.

No escuchar.

Juzgar o criticar.

Minimizar sus logros.

Invalidar sus emociones.

Invalidar su historia.

Invalidar sus ideas.

Invalidar sus gustos.

No cumplir con aquello con lo que te comprometiste.

Invadir el espacio personal.

Ignorar los límites personales.

Aunque parezca obvio, a veces se nos olvida o pasamos por alto que todos estos gestos son faltas de respeto. Por ejemplo, cuando en nuestra historia de vida hay muchas de estas actitudes, terminamos normalizándolas tanto que no somos capaces de verlo cuando ocurre. En otras ocasiones, lo minimizamos por no haber sabido cómo reaccionar en el momento o para intentar evitar la incomodidad y el dolor que supone reconocer que nos están faltando al respeto. Y otras veces, aunque lo percibamos, nos callamos y lo dejamos pasar. Y, sin darnos cuenta, al reaccionar de cualquiera de estas formas, sumamos una falta de respeto más: la de no hacer nada cuando no te respetan.

Sé que, en según qué momento o según con qué persona, es difícil ser consciente de que no nos están respetando. De hecho, suele ser más fácil ver cuándo alguien no respeta a una persona que no eres tú que cuando te ocurre a ti. Lo sé. Sin embargo, esta no es la falta de respeto que más cuesta identificar ni la que más daño puede hacerte. ¿Sabes cuál es la que más pasas por alto y más te daña? La tuya hacia ti misma. Sí. Tu falta de respeto hacia ti misma es la que más espacio puede ocupar en tu vida y, aun así, es la que más desapercibida pasa, es a la que más acostumbrada estás, es la que más permites y, precisamente por eso, es la que más daño puede hacerte.

Por ese motivo, y porque en este libro principalmente estamos trabajando tu relación contigo misma, en este espacio me voy a centrar en **qué significa respetarte a ti misma** para que puedas ser capaz de hacerlo.

Quizá ya haces alguna de las cosas que te voy a contar a continuación. Si es así, genial. Sigue reforzándolas para que nunca dejen de estar en tu vida. Y las que veas que no haces, pues a empezar a crearlas si lo que deseas es quererte bonito. Así que, basándome en la lista que te puse antes, comparto contigo otra sobre qué sí es respetarte a ti misma con ejemplos.

RESPETARTE ES:

Tenerte en consideración.

Por ejemplo: si estás cansada, quedarte en casa a descansar en lugar de obligarte a salir.

Ser agradecida contigo.

Por ejemplo: darte las gracias a ti misma por elegir darte ese baño en la playa que necesitabas o por no volver a la relación que te dañó.

No ridiculizarte.

Por ejemplo: en vez de llamarte a ti misma «torpe» porque se te cayó algo, recordarte que a cualquiera le pasa.

No insultarte.

Por ejemplo: evitar llamarte «inútil» cuando algo no sale como esperabas.

No despreciarte ni menospreciarte.

Por ejemplo: reconocer que lo que sientes es importante y no decirte: «Qué asco me doy» o «Qué pesada y exagerada soy».

No reírte de ti misma.

Por ejemplo: si olvidas algo, no burlarte de ti misma de forma cruel, sino ser un poquito más comprensiva.

No ocultarte ni ocultar nada de ti, ni físico ni personal.

Por ejemplo: vestir con algo que te gusta, te quede como te quede, aunque pienses que otros podrían criticarlo. O compartir una opinión, aunque no sea popular, en vez de callar para encajar.

No tratarte con indiferencia.

Por ejemplo: prestar atención a tu hambre o sed en vez de ignorarlas por seguir trabajando.

Escucharte.

Por ejemplo: detenerte para ver qué piensas o sientes con lo que estás viviendo en vez de seguir en piloto automático, desconectada de ti misma.

No juzgarte ni criticarte.

Por ejemplo: cuando necesites descansar, no te digas que eres floja o vaga, y tampoco te repitas que siempre lo haces todo mal cuando cometas un error.

Valorar tus logros.

Por ejemplo: cuando termines una tarea difícil para ti, aunque sea algo pequeño, celébralo en vez de pensar que solo era tu obligación o que cualquiera podría haberlo hecho.

Validar tus emociones.

Por ejemplo: cuando te sientes triste, decirte: «Tiene sentido que me sienta así», en lugar de transmitirte esta idea: «No debería sentirme así».

Validar tu historia.

Por ejemplo: reconocer que lo que viviste fue real e importante para ti, a pesar de lo que signifique para otros.

Validar tus ideas.

Por ejemplo: confiar en ti misma y atreverte a compartir una propuesta en el trabajo o una opinión en un grupo de amigos.

Validar tus gustos.

Por ejemplo: disfrutar de tu música favorita, aunque no sea la que a otros les gusta.

Cumplir con aquello con lo que te comprometes contigo misma.

Por ejemplo: si te prometes salir a caminar dos días a la semana, hazlo. Si te prometes no volver a escribirle, hazlo para no fallarte.

No invadir tu espacio personal.

Por ejemplo: darte permiso para no responder de inmediato a un mensaje de WhatsApp porque necesitas silencio o decir que no a alguien que quiere ir a tu casa si no te apetece.

Tener en cuenta tus límites personales.

Por ejemplo: decir «no» cuando alguien te pide algo que te incomoda, aunque temas decepcionarlo, o negarte a hacer más tareas en el trabajo cuando ya estás sobrecargada.

Cada vez que haces alguna de estas cosas, te estás respetando. Cuando haces lo contrario, no.

Y te diré más, igual que con la aceptación, para respetarte no necesitas que te guste todo de ti. No necesitas que todo lo que eres te parezca bien o te encante para poder darte el respeto mínimo que como persona te mereces.

Y, para que te quede bien claro, quiero plantearte la siguiente situación. (Te aviso de antemano de que lo que vendrá a continuación tiene un punto desagradable, pero justamente eso permitirá que lo entiendas mejor).

Imagínate que tu hermana pequeña o tu hija nace con una malformación física. Una malformación que está notablemente fuera de los cánones de belleza, una malformación que no te gusta. ¿La ocultarías? ¿La insultarías? ¿La tratarías con indiferencia? ¿Dejarías de tenerla en cuenta?

No sé tú, pero yo no.

Si ves esto claro, si te parece evidente que esta persona merece tu respeto a pesar de que haya algo de ella que no te guste o que esté fuera de lo estipulado como bonito, válido o normal, ¿por qué no haces lo mismo contigo?

En serio, ¿quieres ser esa persona que ridiculiza a otra porque físicamente le parece fea? ¿O esa que invalida a otra porque la considera inferior intelectualmente? ¿Quieres ser esa que no te escucha cuando le cuentas algo importante para ti? ¿O la que, cuando está triste, le quita importancia?

Yo no quiero comportarme como esa chica del tren que no ha tenido en consideración al hombre que estaba frente a mí. Ni como ese padre o ese novio que invalidan a las personas a las que se supone que quieren.

Yo elijo, en la medida que puedo, no tener estas actitudes con los demás, ni tampoco conmigo. ¿Y tú?

CÓMO
TE HABLAS
IMPORTA

DIÁLOGO INTERNO

Hay algo que me gusta hacer, sobre todo cuando estoy en un lugar de espera sin «tener nada que hacer». En la cola del banco, en el metro o mientras espero a que alguien me recoja, por ejemplo. Y es observar a las personas que veo a mi alrededor y preguntarme: ¿qué estarán pensando? En concreto, ¿cómo será su diálogo interno?

Sé que esas personas, igual que yo en ese momento, seguro que están pensando en algo; quizá no sea algo muy introspectivo o quizá sí. Quizá están anhelando a alguien o culpándose por algo. O, simplemente, pensando qué guay es el color del cartel que tienen enfrente. No lo sé. Yo juego a inventármelo, y en esa fantasía, en función de cómo veo a la persona, me imagino cómo es su diálogo interno.

Por ejemplo, si estoy en una cola con más personas, me imagino que algunas están dándose la turra con el «debería» o el «si hubiera», del estilo: «Debería haber venido antes» o «Si hubiera venido en metro, no habría perdido el tiempo aparcando». A otras personas de esa misma cola me las imagino más como: «Vaya cola hay. Bueno, no pasa nada, quizá me venga bien esperar y pararme un poquito, voy a aprovecharlo». De otras fantaseo que se dicen: «Vaya pelo más bonito tiene esa chica. ¿Cómo podrá llevarlo así siempre? ¿A qué hora se habrá levantado para ponerse tan guapa? Y mírame a mí, como siempre con estas pintas». En cambio, otras se dicen algo como: «Qué buena mañana, ya estoy aquí. Solo me quedan dos personas delante y ya me toca. Cuando termine, me va a dar tiempo a ir a entrenar como tenía pensado. Qué bien».

Cada una de estas personas, al igual que tú y que yo, tiene su propio repertorio de diálogos internos que la acompañan cada día. No siempre tiene que ser el mismo, o sí. A mí me gusta explicar que las personas tenemos en nuestra cabecita un grupo de «personajes». Estos personajes son diferentes entre sí. Cada uno tiene sus propias características (más simpático, más antipático, más optimista, más pesimista, etcétera) y cada uno aparece en una situación diferente. Por ejemplo, justo antes de que una persona tenga que tomar una decisión importante y después de que algo no haya salido como deseaba, puede aparecer un personaje. Y, en esa misma persona, puede aparecer otro distinto cuando acaban de ascenderla o cuando algo sale como esperaba. También te digo que algunas personas tienen a un personaje más presente que a otro según la etapa de la vida por la que estén pasando, mientras que otras tienen casi siempre al mismo personaje dominando su cabecita, sea cual sea la situación o el momento vital que atraviesen.

Para que lo entiendas mejor: es como si tu cabeza fuera un autobús y dentro de él estuvieran estos personajes. El que se sienta a conducir es el que en ese momento manda, el que tiene más poder e incluso, a veces, es al único que se escucha.

Estos personajes forman parte de ti, y por eso a las conversaciones que suceden entre ellos «en el autobús» las llamamos «diálogo interno». Y a lo que cada uno de estos personajes dice lo llamamos «voz interna» o «voz interior».

Una cosa muy curiosa es que, aunque lleves años conviviendo con estos personajes que hay dentro de ti, eso no significa que automáticamente ya los conozcas ni que sepas identificar cuál está al volante en cada momento. **Vivimos acostumbradas a nosotras mismas, y esto adormece nuestra consciencia, lo cual nos dificulta saber qué es lo que está pasando exactamente dentro de nosotras.**

Cuando el diálogo interno es sano, no hay problema, pero, cuando no lo es, lo sufrimos. Así, a pesar de que no sepamos claramente lo que se está diciendo en ese autobús, y cómo se está diciendo, sufrimos las consecuencias. «De repente», «de la nada» te encuentras más cansada o más triste o sientes la presencia de la gran conocida: ansiedad. Y no sabemos por qué nos sentimos así, porque no percibimos que ocurra nada diferente en nuestra vida cuando, quizá, lo que nos hace sentir así es justamente eso, que estamos haciendo lo de siempre: hablarnos mal.

En ocasiones, es tal la ignorancia que se cree que, a pesar de que el diálogo interno sea «malo», eso no nos afecta. He escuchado a personas decir: «A mí no me hace mal, estoy acostumbrada». Y entiendo que lo digan, porque realmente no ven las consecuencias que esto tiene en ellas, pero el hecho de no darse cuenta no las exime de sufrirlas. Porque:

La inconsciencia te permite no ver lo que te daña, pero no te libra del daño.

Por eso, en este libro, igual que en mis sesiones, intento que tu consciencia crezca. Y es que esto te ayudará no solo a ver lo que te daña, sino a disminuir ese daño. Así, cuando te sientas cansada, triste o con ansiedad, podrás detenerte a escucharte para descubrir si es tu diálogo interno el que te está haciendo daño y, si ese es el caso, tendrás las herramientas para cambiarlo.

¿CÓMO ES TU DIÁLOGO INTERNO?

Para saber cómo nos hablamos, tenemos que pararnos a escucharnos.

Conocer cómo es tu diálogo interno te ayudará a saber si te quieres o no de una forma saludable. Y en realidad es muy sencillo. Si, por lo general, tu diálogo interno suele ser constructivo, te estás queriendo bonito. Si, en cambio, tu diálogo interno suele ser destructivo, no.

Como te decía antes, en tu cabeza coexisten diferentes personajes, cada uno con sus propias características. Algunos son más sanos, y otros, más insanos, y lo son más o menos por cómo te hablan y qué te dicen.

Los personajes que peor te hablan o peores cosas te dicen son los que crean los **diálogos internos destructivos**, mientras que los que mejor te hablan y mejores cosas te dicen son los que crean los **diálogos internos constructivos.**

Algunos ejemplos de diálogo interno destructivo son:

«¿A quién quiero engañar? No voy a ser capaz».

«No valgo para esto».

«Me dicen que soy genial porque no me conocen de verdad».

«¿Cómo va a querer estar conmigo?».

«Normal que me haya dejado, ella es mejor que yo».

«Ya sabía que no me iban a seleccionar; es demasiado para mí».

«¿Por qué he dicho eso? Podría haberme callado, pero no, he tenido que hablar, como siempre, porque siempre hago lo mismo. Seguro que piensan que soy tonta».

«¿Y si no le gusta lo que hago? ¿Y si me equivoco? No me va a salir».

«Yo no soy como ellos, no voy a poder».

«No soy suficiente».

«Tampoco es para tanto esto que siento».

«Soy una vaga».

«Qué vergüenza doy».

«Siempre lo arruino todo».

«Nunca lo hago bien».

«No voy a poder».

Algunos ejemplos de diálogo interno constructivo son:

«Me siento insegura, pero quiero intentarlo, porque puede que lo consiga. En otras ocasiones me sentí así y al final lo conseguí».

«¿Por qué no voy a valer para esto?».

«Yo valgo mucho».

«Me dicen que soy genial, y es verdad que lo soy».

«Yo creo que sí que pueden querer estar conmigo».

«Qué suerte quien esté conmigo».

«Ella no es mejor que yo, es diferente».

«Yo merezco a alguien que sepa ver mi valor».

«A veces me equivoco, y no por eso soy peor ni menos».

«Si no le gusto, no significa que yo no sea suficiente».

«Si ellas han podido, ¿por qué no iba a poder yo?».

«Voy a poder».

«Sí es para tanto».

«Lo que siento es importante».

«Lo mío es importante».

«Yo soy importante».

Estos son solo ejemplos, porque cada persona tiene su propio diálogo interno. Sin embargo, al leerlos, estoy segura de que te habrás identificado más con uno que con otro. ¿Cuál ha sido? ¿Qué diálogo te resuena más? ¿Cuál es más familiar para ti?

Si es el constructivo, maravilloso; todo lo que estamos viendo y lo que te seguiré contando te servirá para reforzar más aún esta forma de tratarte. Si, por el contrario, te resuena más el diálogo interno destructivo, no te preocupes, porque estamos aquí para que esto cambie. Y, créeme, ya estás más cerca de lo que crees. Ya has empezado a ocuparte de ello.

Para ayudarte a conocer aún más cómo es tu diálogo interno, quiero lanzarte algunas preguntas para que te detengas no solo a leerlas, sino también a pensarlas. Date tiempo para reflexionar.

¿Cómo te has hablado hoy?

¿Dirías que has sido amable contigo misma?

¿Has sido más exigente o más benevolente?

¿Has sido más cariñosa o más fría?

¿Has sido comprensiva contigo?

¿Has sido insistente contigo?

¿Te has dicho algo bonito hoy?

¿Has pensado algo agradable sobre ti?

¿Crees que tu diálogo interno te respeta?

¿Crees que tu diálogo de hoy es constructivo o destructivo?

Y el resto de los días, ¿te hablas igual que hoy?

¿Crees que por lo general tu diálogo interno es optimista o pesimista?

¿Es agradable o desagradable?

¿Es comprensivo o rígido?

¿Tu diálogo interno te cuida o te daña? ¿Cuándo?

¿Tu diálogo interno te ayuda o te limita? ¿Cuándo?

¿Tu diálogo interno suele ser constructivo o destructivo?

¿Crees que, por tu salud, necesitarías cambiar algo de tu diálogo interno? ¿El qué?

Vamos a hacer una pequeña pausa para revisar cómo estás.

¿Cómo te sientes ahora, después de haber dedicado tiempo a indagar en tu diálogo interno?

Darnos cuenta de lo que nos hace daño es incómodo y no suele gustarnos. Por eso, a veces intentamos no tocar algunas verdades con la intención de evitar el malestar que producen. Sin embargo, la única forma de cambiarlas es viéndolas y reconociéndolas. En otras ocasiones, en cambio, identificar lo que nos daña produce una especie de placer. Es el placer que surge al ver que estamos en el camino que deseamos, por amargo que resulte.

Te sientas como te sientas, quiero recordarte que justo ahora estás construyendo lo que querías cuando comenzaste a leer este libro: quererte bonito. Así que a lo que sientas añádele una pizca de reconocimiento hacia ti misma por seguir aquí, entregada y comprometida con tu crecimiento, y otra pizca de orgullo por estar haciendo esto por ti, a pesar de que haya momentos en los que no sea fácil.

ESA VOZ DE TU CABEZA NO ERES TÚ. ENTONCES ¿QUIÉN ES?

Esa voz de tu cabeza no eres tú, sino una parte de ti. ¿Y por qué es importante que entiendas esto? Porque no es lo mismo *ser eso* que *tener eso* en ti.

Te lo explico mejor: cuando consideramos que *somos* algo, es mucho más difícil de soltar (a veces imposible), porque ya se ha integrado en nuestra identidad, y parece que todo aquello que nos conforma esté grabado a fuego en nosotras y tengamos que ser de ese modo para siempre. En cambio, si hablamos de que algo forma parte de ti, de que, aunque lo consideres tuyo, no eres tú porque tú eres o puedes ser más que eso, te das la posibilidad de soltar y cambiar.

Es decir, a pesar de que lleves mucho tiempo teniendo una determinada forma de hablarte, no significa que eso seas tú. Eso *solo es una parte de ti* que, del mismo modo que en algún momento la aprendiste, ahora puedes desaprender. Igual que un día puede aparecer, otro día puede desaparecer.

No eres lo que te dices y, sobre todo, no solo existe esa forma de hablarte que conoces.

Existen otras maneras que estás aún por descubrir. De hecho, en nada las descubrirás.

Así que, volviendo a la duda inicial: si tú no eres esa voz, ¿quién es?

Cuando digo que tú no eres esa voz es porque, cuando naciste, esa voz no venía contigo ni iba debajo de tu brazo ni estaba programada en tu ADN. ¿Y a qué me refiero con eso? Que esa voz es aprendida. Como te comentaba al principio del libro, es uno de los recursos que has desarrollado para poder sobrevivir, pero que no has elegido tú a conciencia. Porque, si por ti fuera, está claro que no habrías elegido esa voz que te hace daño.

Al escribir esto me acuerdo de la cantidad de pacientes y de personas en general a las que, cuando les pregunto: «¿De dónde crees que viene la manera en la que hablas?», me responden: «Yo es que siempre he sido así, desde que nací. Eso es algo mío».

Claro, esta es la respuesta de muchas personas porque, desde que tienen memoria, se recuerdan hablándose así, pero que se recuerden así desde muy pequeñas no significa que nacieran hablándose así.

No solo existe lo que vemos o sabemos, el mundo va más allá de lo que hoy puedes ver. Y abrirte a esta idea te acerca a la posibilidad de ver mañana más lejos de lo que ves hoy.

Cuando con estas personas indago en el origen de su diálogo interno, como estamos haciendo nosotras ahora, llega un momento en el que se sorprenden. Se sorprenden al ver que eso que creían tan suyo no lo es tanto, y tampoco es tan de nacimiento. El hecho de ver perfectamente el hilo que conecta la causa (el cómo lo aprendieron) con el cómo se ven ahora (el cómo se hablan) rompe con la idea de que este diálogo haya aparecido de la nada y esté con nosotras desde siempre. En ese momento entienden que, aunque ellas usen este diálogo, eso no significa que sea suyo. A su vez, esto las lleva a cuestionarse por qué tener que seguir usándolo. ¿Por qué no quedarnos con lo que es útil y devolver lo que no lo es al lugar del que vino? La verdad es que verlo desde esta perspectiva suele liberar mucho.

Es posible que lleves un rato intentando saber de dónde pueden venir tus diferentes voces internas. Quizá ya has dado con la tecla, ya lo sabías, o quizá ahora mismo no te es fácil identificar de dónde viene. Sea como sea, no te preocupes. No pretendo que lo sepas ya, así que vamos a continuar para que poco a poco puedas ir descubriéndote y conociéndote más en profundidad.

Uno de los ejercicios que a veces hago con mis pacientes para que puedan saber más sobre su diálogo interno —en concreto, sobre su diálogo interno destructivo—, que, si quieres, tú también puedes hacer, es el siguiente.

Antes de nada, quiero decirte que puedes hacerlo escribiendo o solo en tu cabeza. Sin embargo, si lo escribes, verás con más claridad cómo es tu diálogo interno y te será más fácil identificar lo que hasta ahora quizá no sabías.

Tú eliges cómo hacerlo.

Yo te lo voy a explicar como si lo escribieras.

Lo primero de todo es que te conectes con la voz que te hace daño. Si ahora está presente en ti, te va a ser muy fácil; si no lo está, recuerda momentos en los que la has escuchado. Recuerda cuando no te hablas con respeto. Cuando te exiges demasiado. Cuando no eres amable contigo. Cuando te tratas con desprecio. Cuando te ignoras. Cuando te invalidas. O cuando simplemente no confías en ti. En definitiva, cuando te hablas haciéndote daño.

Conéctate con esta voz y transcribe en un papel todo lo que te dice tal cual te lo dice.

Se vería algo así como:

«Qué pesada eres. Como sigas así, se va a cansar».

«¿Estás segura de que vas a poder? Yo creo que es mejor que no lo intentes».

«No estás preparada».

«¿Cómo vas a ser tú la elegida?».

«¿Tú te has visto?».

«Haz lo que veas, no creo que lo consigas».

«Debería haberlo hecho mejor».

«No voy a saber cómo actuar».

…

Estas son solo algunas frases que sirven de ejemplo para saber cómo suena un diálogo interno destructivo (como ya vimos en páginas anteriores). Sin embargo, he de decirte que hay muchísimas maneras de hablarnos mal, tanto en la forma como en el contenido, y, aunque algunas puedan ser comunes, cada persona tiene su propio modo de hablarse.

Además de fijarte en qué te dices, presta atención a cómo te lo dices. Si te hablas de una manera más directa o más manipuladora. De una forma más borde o desde la ironía. Si lo camuflas en amor o manifiestas claramente que hay odio.

Sé honesta contigo misma y tómate tu tiempo para vomitar en ese folio todas esas palabras que te dañan.

¿Ya lo tienes? Pues esto que acabas de escribir es **la transcripción de tu diálogo interno destructivo.**

¿Cómo te sientes? Sé que no es muy agradable tocar aquello que nos hace daño. Pero también sé que es totalmente necesario para poder avanzar. Forma parte del camino. ¿Y sabes por qué? Porque, gracias a sentir emociones molestas, como el dolor o el enfado, podemos darnos cuenta de que algo nos duele o no nos gusta, y esto nos ayuda a crear un cambio para cuidarnos.

Siguiendo con el ejercicio, ahora te invito a que leas todo lo que has escrito y pienses en quién te recuerda. Pregúntate:

«¿A quién me suena?».

«¿Quién me ha dicho alguna vez estas cosas?».

«¿Quién me ha hablado alguna vez de esta manera?».

Escribe el nombre de la persona o de las personas que te han venido a la cabeza, sin miedo (o con miedo, pero escríbelo).

Esta voz suele venir de personas que tienen o han tenido un impacto en ti. Pueden ser personas que te han querido o te quieren, o personas que no te han querido o no han sabido quererte.

Para ayudarte, piensa en los miembros de tu familia, en los profesores y profesoras que han pasado por tu vida, en tus compañeros y compañeras de clase, en tus parejas, y así hasta que encuentres a quién o a quiénes te recuerda esa voz.

Normalmente, esta voz viene de algunos de los miembros de tu familia (mamá o papá), porque, como te comentaba al principio del libro, son las personas más influyentes en nuestros primeros años de vida. Y es habitual que a lo largo de tu vida te hayas relacionado con personas que se comportan de una forma similar a ellos, porque solemos vincularnos más con lo que nos es familiar que con lo desconocido. Por lo que puede coincidir que tu voz te suene a tu padre y, a la vez, a tu primer novio. O a tu madre y a tu amiga de primaria.

Si es así, tiene más sentido aún, pues, cuanto más se haya repetido una conducta hacia ti, más peso tiene y más posibilidad hay de que se haya quedado impregnada en ti y, por consiguiente, de que ahora estés reproduciéndola tú contigo misma.

Antes de continuar, quiero decirte algo. Si sientes resistencia al reconocer que esa voz te recuerda a alguien a quien quieres, es importante que sepas que reconocerlo no significa fallarle a esa persona. Reconocerlo puede dolerte, pero no pasa nada, porque estoy aquí, acompañándote para que ese dolor no se enquiste y puedas entender que quizá esa persona no es mala por haberte hablado así ni tampoco tú le estás fallando por reconocer que parte de este diálogo interno lo aprendiste a través de ella.

Si esa persona te quiere, estoy segura de que es la primera que no deseaba hacerte daño, ni muchísimo menos, pero, a veces, una cosa es la intención y otra lo que conseguimos. (Y no me quiero adelantar, porque de esto te hablaré más adelante).

De verdad, el hecho de que estas personas fueran las que te enseñaran, en parte, a hablarte así no significa que sean malas personas. Así que no intentes protegerlas, porque, si lo haces, te estarás haciendo más daño a ti. Y no por reconocerlo estás siendo tú mala con ellos.

Reconocerlo te ayuda a cambiar esta voz, y eso te permite crecer.

No obstante, como te decía antes, hay otra opción: que esa voz sea de alguien que no te ha querido. De ese chico que quedaba contigo a escondidas para tener relaciones, pero después te ridiculizaba en público, o de esa «amiga» que se metía contigo para sentirse alguien importante, o incluso de esa enemiga que te hacía *bullying* en el colegio porque eras diferente a lo que ella consideraba «ser válida».

Vamos a parar de nuevo. ¿Ves como esa voz no es tan tuya como creías? Como te dije antes, esa voz no eres tú, tampoco la has creado tú y ni mucho menos ha sido tu elección.

Me gustaría que aprovecháramos esta «pausa» para tomar consciencia de algo importante: ¿te has dado cuenta de que la voz que hoy te daña es la copia de las voces que te dañaron?

Esta voz interna que te hace daño reproduce justo lo que los demás te dijeron que te dolió.

Y fíjate. Ahora eres tú la que haces contigo lo mismo que otros te hicieron. Ya no hace falta que nadie te diga eso que duele, porque ya estás tú para recordártelo. Ya estás tú para hacerte daño.

Dolía escuchar de la persona que te gustaba que hablabas demasiado, y ahora no hace falta que te lo diga, porque ya te lo dices tú a ti misma. Y eso te daña.

Dolía escuchar a tu madre decirte lo desordenada que eras, y que así no te iba a ir bien en la vida, y ahora no hace falta que ella te diga nada, porque ya estás tú para decírtelo. Y eso te daña.

Dolía la indiferencia de tu padre cuando hacías algo que a él no le gustaba y quería castigarte; y ahora no hace falta que él haga nada, porque ya te lo haces tú. Y eso te daña.

Dolía entonces y duele ahora que te insulten, desprecien, ignoren, exijan de más, que no te perdonen, que sean intransigentes, que no confíen en ti, que te recuerden todo lo que se te da mal y no te entiendan cuando más lo necesitas; y ahora ya no hace falta que lo hagan los demás, porque ya estás tú para hacerlo. Y eso te daña.

Ya está, ¿no? Yo creo que ya es suficiente. Me parece que es hora de que dejes de repetir lo que escuchaste. Ya es hora de que pares de hablarte así.

Vaya…, al hablarte de todo esto, se me ha formado un nudo en el estómago que me produce entre pena y rabia. Es esa pena que me ayuda a ver que esto no lo quiero para mí, y esa rabia que me empuja al cambio hacia lo que sí quiero.

¿Cómo te sientes tú? Ojalá pudiera escuchar tu respuesta.

Con esta sensación, me encantaría ir directamente a la parte en la que te explico cómo puedes aprender a hablarte bonito, pero no puedo llegar ahí sin que hablemos primero de algo que te mencioné antes: la intención.

¿PARA QUÉ TE HABLAS ASÍ?

No es lo mismo preguntarte «¿por qué?» que «¿para qué?».

Si te pregunto: «¿Por qué te hablas así de mal?», es muy probable que tu respuesta sea algo así como: «Porque no sé hacerlo de otra forma» o «Porque siempre me he hablado así», o quizá «Porque es lo que he aprendido de cómo me han hablado».

Sin embargo, si te pregunto: «¿Para qué te hablas así?», ¿qué me responderías?

(Quiero que sepas que responder «para qué» suele ser más difícil que responder «por qué», entre otras cosas, porque estamos muy acostumbradas a preguntarnos el porqué, pero muy poco acostumbradas a preguntarnos el para qué).

Yo quiero que respondas al *para qué* porque así descubriremos la intención que hay detrás de que te hables mal, y eso te servirá de guía para hablarte de una manera más bonita.

Así que volvamos a la pregunta: ¿para qué te hablas así? ¿Se te ocurre alguna respuesta?

Ojalá pudiéramos estar juntas y me contaras esa respuesta en la que piensas o que pudieras decirme que no tienes ni idea de la respuesta. Fuera como fuera, sería muy guay para poder ver tu caso concreto y ahondar en ello como hago con mis pacientes en sesión.

Espera, es cierto que ahora mismo tú y yo no estamos juntas, pero un poco es como si lo estuviéramos, ¿no? Yo, por lo menos, mientras escribo esto, me siento muy cerquita de ti. Así que se me ocurre que, para explicarte lo que quiero contarte, podemos hacer de nuevo como si estuviéramos en terapia.

Imagínate que estamos en sesión. Me has contado todas las cosas que te dices a ti misma que te hacen daño y me has leído todo lo que has escrito sobre lo que te dices a ti misma (el ejercicio que te propuse en el anterior apartado), y yo te respondo: «Vale, ahora dime, ¿para qué crees que te dices todas esas cosas?».

Entonces, tú me dices: «Pues, Paula, para hacerme daño». (Aunque pueda sorprenderte, esta suele ser la respuesta más común). Y yo puntualizo: «Hacerte daño es cómo te hace sentir, pero la intención puede ser diferente a cómo algo te hace sentir».

Te pongo un ejemplo: el otro día mi pareja estaba saliendo del coche cargado de paquetes y no tenía ninguna mano libre para cerrar la puerta. Yo, con toda mi buena intención, fui a cerrar la puerta para que él no tuviera que dar dos viajes para cerrarla. Sin embargo, al cerrar la puerta, le pillé un pie. Mi intención era buenísima, pero, como te imaginarás, el dolor que sintió fue enorme. Y la realidad es que mi buena intención no hizo que le doliera menos. Mi intención, pues, no tuvo del todo el efecto que yo deseaba.

Porque las buenas intenciones no siempre hacen que las cosas duelan menos. La intención es lo que pretendemos, pero tener una intención determinada no nos asegura que vaya a cumplirse siempre.

De modo que, vale, sabemos que lo que te dices te hace daño, pero ¿cuál es la intención de esas palabras que te diriges?

Te cuento un secreto: nuestro diálogo interno destructivo nos provoca dolor porque nos hace sentir inseguras, pequeñitas, poco válidas y llenas de desconfianza (entre otras cosas).

Sin embargo, lo que se esconde tras él es una buena intención.

Sí, sí, has leído bien: lo que suele haber detrás de ese diálogo interno dañino es una buena intención. Porque, normalmente, **lo que te dices está intentando protegerte**.

Te pongo ejemplos para que entiendas mejor lo que te cuento.

Imagina que quieres dar un paso adelante en el plano laboral. Tu voz interna te dice que no vas a poder, lo que te hace sentir más insegura. Sin embargo, su intención puede ser protegerte del dolor que quizá sientas al intentarlo y no conseguirlo. Trata de protegerte de antemano del posible fracaso.

Cuando has quedado con alguien que te gusta y, antes de salir, criticas cada parte de tu cuerpo, tu cara o tu ropa, eso te hace daño. Pero la intención puede ser protegerte del daño que tal vez sientas si, al quedar con esa persona, descubres que no le gustas. Intenta protegerte del posible rechazo.

Cuando no le confiesas a la persona con la que estás quedando lo que sientes porque te dices que, si lo haces, serás una pesada y una intensa, y que quizá dejarás de gustarle, eso te hace daño. Sin embargo, la intención puede ser protegerte de que esa persona se vaya. Intenta protegerte del posible abandono.

Cuando estás con un grupo de personas y te gustaría compartir algo, pero no lo haces porque te dices a ti misma que no es importante o que no viene al caso, eso te hace daño. Sientes que los demás pueden decir lo que quieran, pero tú no te lo permites, y eso duele. No obstante, la intención puede ser protegerte de hacer el ridículo. Intenta protegerte de la posibilidad de humillación y rechazo.

Fíjate qué curioso es: en general, la voz interna trata, casi siempre, de protegerte del dolor, y es justamente eso lo que te hace sentir. O sea, a pesar de que su intención es que no duela, lo que consigue es que duela. En fin…

Y aquí es donde está el secreto que nos ayuda a hacer un clic con el diálogo interno, que es: si mi intención es protegerme de algo malo y con mi comportamiento consigo justo lo contrario, algo no estoy haciendo bien. Así que ¿cómo puedo hacerlo para cumplir con esa buena intención sin hacerme daño?

Ahora sí. Vamos a aprender a hablarnos bonito.

EMPIEZA A HABLARTE BONITO

Igual que has aprendido a hablarte mal tomando como ejemplo la manera en la que te han hablado a lo largo de tu vida otras personas, ahora vamos a usar este mismo método, pero para mejorar, para sanar.

Piensa en esa persona o personas que han tenido palabras o actos bonitos hacia ti. Palabras o actos afectuosos, de comprensión y respeto.

Recuerda a esa profesora que te supo ver como nadie lo hacía, a ese amigo que fue comprensivo contigo cuando te equivocaste, a esa pareja que te quería tal y como eras, a esa amiga que tuvo una palabra bonita para ti, a esa abuela que te abrazó para consolarte…

A las personas que en algún momento nos hicieron sentir vistas, importantes, protegidas, comprendidas, cuidadas, acompañadas o seguras me gusta llamarlas personas medicina.

Las personas medicina son aquellas que crean momentos curativos.

Es esa persona que te abraza o abrazó con sus palabras.

Es esa persona que confía o confió en ti.

Es esa persona que te hace o te hizo sentir especial.

Es esa persona que te respetó o te respeta.

Es esa persona que fue o es amable contigo.

Es esa persona que te cuidó o te cuida como ni tú a veces sabes.

Esas personas son medicina porque, cuando aparecen, **son cura para el cora**.

Sin embargo, es importante tener claro que una persona medicina no es una persona maravillosamente perfecta; no, porque eso no existe. Una persona medicina es una persona, por lo que no siempre actuará de una forma ejemplar, pero la mayoría de las veces lo intenta y sabe cómo hacerlo.

De hecho, lo más importante en este caso no es tanto encontrar a una persona medicina, sino encontrar a las personas que han sido medicina para ti. Te invito a buscar en tu historia a esas personas que te han ofrecido momentos en los que te has sentido vista, escuchada, respetada o atendida. En definitiva, esas personas que han tenido la intención de hacerte sentir bien y lo han conseguido.

¿Recuerdas algún momento medicina? ¿Has encontrado a alguna persona medicina?

Si ya la has encontrado, genial. Si aún no, sigue buscando. En serio, aunque te cueste, estoy convencida de que hay alguien que seguro que supo tratarte, como mínimo, con respeto o que te hizo sentir vista y no dañada. Por estadística, en tu historia tiene que existir aunque sea una persona. No desistas de encontrarla.

Vale, ya tienes a tu persona (o personas) medicina, así que ya puedes convertirte en una de ellas.

Si lo tienes, recupera la transcripción de tu diálogo interno destructivo (el ejercicio que te pedí que escribieras) y, al lado de cada frase destructiva, con un color diferente, escribe qué te diría tu persona medicina. Pregúntate: «En vez de eso que hay ahí escrito, ¿qué me diría mi persona medicina?».

Espera, antes de hacerlo quiero que tengas en cuenta lo siguiente: una persona medicina no habla con un positivismo absoluto, al estilo de: «Tú puedes con todo», «sonríe, que la vida es bella» o «todo está en tu mente».

Mientras que tu diálogo destructivo te dice que no vas a poder, una persona medicina te dice que sabe que puedes con muchas cosas y que, si esta vez no puedes, lo entenderá. Que quizá puedas con todo eso, pero no con todo a la vez, ni mucho menos con todo YA. Que no tienes que poder con todo porque ya eres suficiente como eres.

Mientras que tu diálogo destructivo te regaña o te llama débil por llorar, una persona medicina te dice que sonrías cuando quieras y llores cuando lo necesites, porque la vida unas veces es bella y otras no. Que te permitas sentir lo que sientes, que no eres más débil por ello ni tienes que demostrarle nada a nadie. Que todos tenemos emociones, y también el derecho a sentirlas.

Mientras que tu diálogo destructivo te culpa por todo o te dice continuamente que «deberías haberlo hecho mejor», una persona medicina te dice que hay mucho que puedes hacer trabajando tu mente, tus palabras, tu comportamiento y tu actitud, pero que no todo está en ti. Que hay una parte que no depende de ti y que quizá, por mucho que hagas todo lo que está en tu mano, no consigas eso que deseas, y no pasa nada. No eres solo eso.

Mientras que tu diálogo destructivo ridiculiza tu cuerpo o te da la estupenda idea de que ocultes partes de él porque así no le vas a gustar a nadie, una persona medicina te recuerda que no tiene que gustarte todo de ti y que, a pesar de que no te gusten algunas partes de tu cuerpo, eres igual de importante y maravillosa, porque tu cuerpo no define tu valía. Eres mucho más que eso.

Mientras que tu diálogo destructivo te machaca porque te has equivocado y aprovecha para recordarte todos los errores que has cometido desde que tenías tres años y te condena a cadena perpetua por ello, una persona medicina no pasa por alto que te hayas equivocado, pero es compasiva contigo y te perdona porque entiende que eres humana.

Mientras que tu diálogo destructivo continuamente te recuerda lo que te falta y lo malo que tienes, una persona medicina sabe que hay cosas en ti que hacen que no seas perfecta, pero no te lo recuerda cada día ni busca que tengas que serlo. Te acepta tal y como eres porque entiende que eres una persona, y las personas no son perfectas.

Y, por encima de todo, una persona medicina es una persona que te quiere tal y como eres.

Ahora sí, escribe lo que te diría tu persona medicina. Cuando termines, tendrás delante de ti lo que, a partir de ahora, vas a tener que decirte tú a ti misma si quieres hablarte bonito y, por lo tanto, estar un paso más cerca de quererte bonito.

Antes de acabar este capítulo, quiero decirte algo muy importante: **tu diálogo interno destructivo se creó con el objetivo de protegerte para ayudarte a sobrevivir en este mundo**. Por ello, a lo largo de tu vida, es muy probable que siga apareciendo. Quizá no con la misma fuerza ni con la misma regularidad, pero es posible que vuelva.

Sin embargo, puedes estar tranquila, porque tú no eres la misma. Tú juegas con ventaja. Ya conoces tu diálogo interno. Ya sabes identificar cuándo es destructivo y cuándo no. Ya has entendido que, a pesar del daño que pueda causarte, es tu inconsciente intentando protegerte. Es esa parte antigua de ti que creyó que hablarte así era la única manera de cuidarte. Y ya sabes que esa parte de ti se equivoca. Que, aunque intente y desee ayudarte, consigue lo contrario. Tú ya, cuando aparece tu diálogo destructivo, puedes sacar tu parte consciente y aplicar tu diálogo interno constructivo, y hacerlo no desde la lucha, sino desde la amabilidad. Ya tienes poder en tu autobús y puedes poner al volante a ese personaje medicina que realmente te protege, te cuida y te ayuda no solo a sobrevivir, sino a vivir en este mundo. Ya puedes hacer algo diferente cuando aparezca el personaje de siempre para obtener algo distinto. Y, al hacer todo esto, la voz interna que te daña la estarás volviendo cada vez más pequeñita, mientras que la voz interna que te cuida será cada vez mayor. Y esto es quererse bonito.

Porque querernos bien no es pretender que siempre esté todo bien, que siempre nos hablemos y nos sintamos bien. Querernos bien tiene más que ver con cómo nos acompañamos cuando la cosa no va tan bien. Con cómo te acompañas cuando, de repente, aparece tu diálogo destructivo o cuando te sientes triste o desbordada.

Que no se te olvide que de ti no depende que llueva, pero de ti sí depende, en gran parte, mojarte o no.

P. D.: Aprender a ser una persona medicina contigo misma también te ayuda a ser una persona medicina para los demás.

TU
AUTOESTIMA
IMPORTA

UNA BUENA AUTOESTIMA

Si quieres mejorar tu autoestima, quiérete bonito. No hay una cosa sin la otra. Son dos caras de la misma moneda.

Todos los temas de los que hemos estado hablando —hablarte bien, aceptarte y respetarte— tienen que ver con tu autoestima, porque, para tener una buena autoestima, necesitas quererte bonito. (Sigue leyendo, que en nada te explico a qué me refiero).

Tu autoestima es como si fuese tu sistema inmune psicológico.

Por lo que, igual que tu otro sistema inmune, determinará cómo vas a reaccionar ante las cosas que vayas viviendo.

Tu sistema inmune no siempre está al mismo nivel, igual que tampoco lo está tu autoestima.

Tu sistema inmune tiene que cuidarse y alimentarse, si no, se deteriora, igual que tu autoestima.

Tu sistema inmune depende en su mayor parte de ti, pero no solo de ti, igual que tu autoestima.

Si cuidas tu sistema inmune con una alimentación buena, completa y equilibrada, durmiendo las horas recomendadas y evitando sustancias dañinas como el tabaco o el alcohol, probablemente tendrás un sistema inmune más fuerte. De esta manera, cuando circule un nuevo virus, tendrás menos probabilidad de cogerlo. Sin embargo, una persona que no cuida su sistema inmune, lo tendrá menos preparado y, por lo tanto, será más probable que lo pille.

Cuidar tu sistema inmune no te asegura que no vayas a tener nada malo, pero te ayuda a disminuir las posibilidades de que lo pases mal.

Pues con la autoestima ocurre lo mismo. Cuidar de tu autoestima no te va a asegurar que te vayas a sentir genial siempre, ni que tu vida vaya a ser siempre maravillosa —de hecho, no hay nada que pueda asegurárnoslo, porque la vida no es siempre bonita, sino que unas veces es más bonita y otras no tanto, más bien es fea—. Pero cuidar de tu autoestima sí va a disminuir la probabilidad de dañarte y, por lo tanto, va a aumentar la posibilidad de que vivas en bienestar.

Como le pasa a nuestro sistema inmune, ni tu autoestima ni la mía van a estar siempre igual.

Si cuantificáramos la autoestima del 0 al 10, siendo 0 el nivel más bajo de autoestima y 10, el más alto, es imposible que una persona llegue al 10 y se mantenga ahí para siempre. Por lo que, cuando te hablo de cuidar la autoestima para tener una buena autoestima, no me refiero a que llegues al 10 y te quedes ahí. Me refiero a que aprendas herramientas para mantenerte, por ejemplo, del 7 para arriba. Y que, si en algún momento tu autoestima baja de esa cifra, estas mismas herramientas también te ayuden a reconstruir esta autoestima y hacerla crecer de nuevo.

Quiero que tengas una autoestima bien sana, pero, precisamente por eso, quiero dejarte claro que esta no aparece por arte de magia con tres tips ni en tres días. No vayas a creer que, si aplicas durante un día o una semana lo que has leído en un post de Instagram, tu autoestima, que lleva veinte o cuarenta años sin ser revisada ni cuidada, va a cambiar solo por esa semana en la que te has puesto a tope. Ojalá fuera así de sencillo, pero no lo es.

Se construye con paciencia, esmero, esfuerzo, constancia, tiempo y dedicación. Se hace implicándote en ti un día y otro y otro, como quien desea tener su jardín bonito lleno de flores. Un día quiere ese jardín, pero no sabe aún cómo crearlo. Se informa sobre cómo hacerlo. Busca todas las herramientas que necesita. Comienza a fertilizar la tierra. Otro día planta una semilla y, al día siguiente, dos más. Y día a día va aplicando todo eso que va aprendiendo sobre su jardín. Riega en el momento adecuado. Ahora sabe cuáles necesitan más agua y cuáles menos. Cuáles necesitan más sombra y cuáles más sol, y les da a cada una lo que precisa para crecer.

Pasan los días y sigue sin ver esas flores que desea. Sigue sintiéndose triste y vacía con su jardín. Sigue sin tener el jardín con el que sueña. Sin embargo, saca paciencia y se recuerda que lo está construyendo. **Que aunque todavía no vea sus frutos no significa que no esté en el camino**. Así que sigue alimentando su jardín. Y al fin empieza a ver los primeros brotes. Su jardín aún no es como desea, pero está más cerca que antes. Pasa el tiempo y sigue cuidándolo, y, a pesar de todo, no se rinde. Y un día ve la primera flor. Aún no es como quiere, pero le gusta más que antes. Se siente más a gusto. Menos vacía. No deja de regar sus semillas. Y llega el día en el que su jardín está lleno de flores. Y está contenta. Muy contenta. Se siente orgullosa. Llena. Su jardín es por fin como ella deseaba gracias a su dedicación.

Pero sabe que tiene que seguir cuidando sus plantas, porque ella no solo quería llegar a tener un jardín bonito, sino mantenerlo, y sabe que eso requiere de un cuidado día a día el resto de su vida. Así lo elije. Y así lo hace. Ya tiene su base creada, y podrá venir un vendaval y cargarse algunas de sus flores. O venir el vecino a robarle sus plantas. O venir un perro a pisarlas. Pero ella ya sabe que tiene las herramientas para volver a sembrar, para reconstruir y continuar. Se siente segura. Ella ya eligió crear y cuidar el jardín que desea.

P. D.: Si las cosas más valiosas de la vida son las que más dedicación necesitan, ¿cuánta dedicación crees que necesita tu autoestima?

CONSTRUYE UNA BUENA AUTOESTIMA

A veces confundimos tener una buena autoestima con que nos vaya todo bien. Vemos a una persona guapa o exitosa y creemos automáticamente que tiene buena autoestima. Y ser guapa o exitosa no va por fuerza de la mano de tener una buena autoestima, porque **tener una buena autoestima no depende de cómo somos** (si guapos o feos, exitosos o fracasados), **depende de cómo nos tratamos.**

Una persona con buena autoestima no es quien no se equivoca, sino quien, cuando se equivoca, no piensa automáticamente que ya no vale y se machaca por ello.

Una persona con buena autoestima se recuerda que sigue valiendo lo mismo que el día en que no se equivocó y es capaz de reconocer su error.

Una persona con buena autoestima no es la que tiene el cuerpo perfecto, sino la que, aun teniendo un cuerpo imperfecto, se siente digna de ser respetada y querida.

Una persona con buena autoestima no es la que siempre sabe qué hacer, sino la que, cuando no lo sabe, lo reconoce sin temor, porque es consciente de que no saber no la convierte en menos.

Una persona con buena autoestima no es a la que no le afecta que la llamen fea o inútil, sino que, aunque le duele que se lo digan, también recuerda que eso es solo una opinión y que ella es más que eso.

Una persona con buena autoestima no es la que no sufre cuando la rechazan, sino la que, aunque le duela que la rechacen, se recuerda que no se debe a que sea insuficiente o poco válida. Una persona con buena autoestima es capaz de sentirse suficiente y válida a pesar de que le duela ese rechazo.

Una persona con buena autoestima no es la que necesita continuamente ser mirada o llamar la atención para sentirse importante, sino la que se siente importante aun cuando no es el centro de atención.

No sé si te has dado cuenta, pero estos ejemplos sobre qué significa tener una buena autoestima tienen relación con los del capítulo anterior, cuando te hablaba de cómo construir un diálogo interno sano hablándote bonito. ¿Sabes por qué? Porque quien tiene un diálogo interno sano tiene una buena autoestima. O, dicho de otra manera, quien tiene una buena autoestima se habla bonito.

Y es que esto es así, **cuanto mejor te trates a ti misma, mejor será tu autoestima.**

¿Y sabes qué es más decisivo aún para tener una buena autoestima? Aprender a tratarte bien cuando peor te encuentras.

Sí, justo **cuando menos te apetece tratarte bien es cuando más necesitas hacerlo**. En serio, esto es **muy importante**. Cuando más te has equivocado, cuando menos te gustas, cuando menos te apetece estar contigo, justo ahí es cuando más necesitas tratarte bien. Y, si logras hacerlo, estarás cuidando de tu autoestima y, por lo tanto, de ti misma.

Cuidar de tu autoestima es construir un amortiguador protector para que todo lo malo que te ocurra te dañe lo menos posible. Igual que tener un buen sistema inmune te protege de todo lo que es dañino para tu salud física.

Por cierto, que este capítulo sea corto no significa que en este libro se hable poco de la autoestima. Todo lo contrario. Desde que empezaste a leerlo, aunque no te lo haya mencionado directamente, te he estado dando herramientas para que puedas cuidar de tu autoestima. Como cuando hemos hablado de cómo aceptarte y respetarte o de cómo hablarte bonito siendo tu persona medicina.

Y eso seguiré haciendo hasta la última página: ayudarte a que cuides tu autoestima para que te quieras mejor.

¿TE CONSIDERAS UNA PERSONA SEGURA?

Paciente: Me encanta cuando veo a una chica segura. Ojalá yo fuera una de ellas.

Yo: ¿Qué te gusta de ellas?

Paciente: Su actitud. Esas chicas pueden tener un cuerpo no normativo o incluso no tener una belleza común, pero desprenden un aroma de seguridad que envidio.

Yo: O sea, ¿que su seguridad no depende de cómo son físicamente?

Paciente: ¡Exacto! Y eso es lo que yo quiero. Que, sea como sea mi físico o mi personalidad, pueda sentirme segura.

Yo: Vale, pues entonces, como bien estás señalando, no vas a conseguir sentirte segura cambiando algo de ti, sino cambiando cómo te ves a ti misma. A ver, dime una inseguridad tuya.

Paciente: No lo sé, mi nariz.

Yo: ¿Qué te hace sentir insegura de tu nariz?

Paciente: Pues que es grande y no me gusta.

Yo: ¿Y cómo llevas tú esta inseguridad? ¿Qué pensamientos tienes relacionados con tu nariz?

Paciente: Pues lo llevo mal. A veces, no me hago fotos porque no me gusta que salga mi nariz y, respecto a lo que pienso de ella, pues… pienso que con esta nariz no les gustaré a los demás. Hay días que incluso no he salido porque me veía fatal o que he evitado encontrarme a alguien que me gustaba porque me doy vergüenza.

Yo: Vale, ahora dime: ¿qué crees que pensaría y haría una persona que tiene la misma nariz que tú, pero que es segura?

Paciente: No lo sé, le gustaría su nariz.

Yo: No, que una persona sea segura de sí misma no significa que le gusten todas sus partes. A esta persona que tiene la misma nariz que tú, pero es segura, quizá tampoco le gusta su nariz.

Paciente: Vale, entonces a ella no le gusta su nariz, pero no se esconde por ello, ¿no? No piensa que da vergüenza ni tampoco sale pensando que no va a gustar. De hecho, sale con la idea de que puede gustar y, en vez de ir escondiéndose, va con la cabeza bien alta.

Yo: Exacto. Y añadiría que una persona segura no está todo el rato poniendo el foco solo en lo que no le gusta de sí misma, sino que se ve en su conjunto y sabe que ella y su valor como persona son más que esa parte que no le gusta. Por eso puede salir con la cabeza bien alta, porque sabe que es igual de digna que la que tiene la nariz más bonita que ella. Quiero que te quede claro que esta persona también tiene inseguridades, la diferencia es que las cuida y se cuida, y esto le permite sentirse segura de sí misma y llevar una vida lo más saludable posible, sin esconderse ni vivir continuamente sintiendo que le falta algo para ser feliz.

No es tu cara o tu cuerpo, es tu actitud.

Esa seguridad que buscas está en tu actitud. Todas las personas queremos sentirnos seguras y transmitir seguridad, pero cometemos un error: creer que cambiando cómo somos alcanzaremos esa seguridad. Entonces intentamos cambiar desde el rechazo y, de esta forma, lo que encontramos en realidad es más insatisfacción con nosotras mismas y menos seguridad.

La tarea difícil —pero la que realmente nos acerca a sentirnos seguras— es aceptar quiénes somos y cómo somos.

Desde ahí, desde la aceptación y el respeto, podemos crear cambios, no desde el rechazo. Sin embargo, te voy a contar un secreto: muchas veces, cuando logramos aceptarnos, nos damos cuenta de que no necesitamos cambiar ni la mitad de las cosas que pensábamos que teníamos que modificar para sentirnos a gusto con nosotras mismas. Porque, gracias a esa aceptación y a aprender a tratarnos con respeto, empezamos a vernos de otra forma, y esto ya nos produce esa sensación de satisfacción y seguridad que buscábamos.

Cuando tienes la actitud, ya no te hace falta tener otro cuerpo. Sé que esto, hasta que lo experimentas, a veces es difícil de ver o de creer. Pero no hace falta que lo veas ni lo creas ya. Con que confíes, aunque sea solo un poquito, y lo intentes, ya será más que suficiente.

¡Ah! Y te cuento otro secreto: algunas cosas, por mucho que quieras, son imposibles de cambiar. Cuando te encuentres con alguna de ellas, ¿qué vas a hacer?, ¿rechazarla de por vida?, ¿tratarla mal de por vida?, ¿rechazarte y tratarte mal de por vida? Y, por tanto, ¿sentirte insegura de por vida?

La verdad es que yo elijo aceptarme y poder sentirme segura, ¿y tú?

IMPORTANTE: Recuerda que la no aceptación de tus inseguridades las hace más grandes.

INSEGURIDADES Y MIEDOS

No es posible vivir con inseguridades y, de repente, por arte de magia, pasar a sentirte segura.

No es posible porque detrás de estas inseguridades hay miedos. Miedo a sentirte rechazada, a quedarte sola, a hacer el ridículo, a que se rían de ti, a pasarlo mal, a que no te quieran…

Y estos miedos, que están ahí para protegerte (de esto te hablaré más en detalle en el capítulo de autocuidado y emociones), necesitan su tiempo y trabajo para volverse más pequeñitos y para que poco a poco puedas ir sintiéndote más segura.

Cada persona tiene unos miedos concretos que están relacionados con su historia de vida. Estos nos llevan a tener unas inseguridades determinadas, y cada una de nosotras desarrolla unas estrategias diferentes para evitar que sus miedos se cumplan.

Voy a ponerte un par de ejemplos para que veas con más claridad la conexión entre la historia de una persona, sus miedos e inseguridades, y las estrategias que desarrolla para intentar protegerse.

Si Lucía tiene un novio que mira el culo de otras chicas, le dice que tiene que ir al gimnasio para hacer más glúteo y después este mismo novio la deja por una chica que tiene más culo que ella, Lucía recibe el siguiente mensaje: «No le gustas a tu novio porque tienes poco culo, y esto ha hecho que te deje». Su mente generaliza entonces el mensaje a: «No le vas a gustar a nadie porque tienes poco culo, no van a querer estar contigo o se irán con otra que tenga más culo que tú».

¿Cuál es la inseguridad de Lucía? Su culo.

¿Cuál es el miedo de Lucía? Que no la quieran o que la dejen.

¿Qué estrategias ha desarrollado Lucía para que su miedo no se cumpla? Ir al gimnasio a hacer culo, evitar ponerse ropa que marque el tamaño de su culo y, en las relaciones sexuales, evitar que la otra persona vea su culo.

Si en la clase del colegio de Jose lo guay era jugar al fútbol y ser extrovertido; si las chicas que a él le gustaban se fijaban en los otros chicos y no en él, que era más introvertido y prefería jugar al ordenador, y si los chicos tampoco lo elegían a él como amigo, el mensaje que Jose recibió fue: «Si no haces deporte ni eres extrovertido, no eres válido, no gustas a las chicas de tu clase ni te quieren como amigo». Y Jose generaliza este mensaje a: «Si no eres como los chicos guais, no le gustarás a nadie. Nadie querrá ser tu amigo ni salir contigo».

¿Cuál es la inseguridad de Jose? Practicar deporte y la introversión-extroversión que se manifiesta cuando se relaciona.

¿Cuál es el miedo de Jose? Ser rechazado y no querido.

¿Cuáles son las estrategias de Jose para que su miedo no se cumpla? Evitar salir de casa y relacionarse. Y, cuando sale, intentar comportarse como los considerados «guais».

Lucía ha vivido algo que le ha hecho creer que no es válida, bonita o deseada por cómo es su culo. Como nos pasa a todas cuando nos ocurre algo así, creemos que el problema es nuestro (en este caso, de su culo) y, por lo tanto, si el problema es nuestro, «yo puedo cambiarlo». Y que si logramos cambiarlo, ya no habrá ningún problema, todo estará bien y nos querrán. Por eso, Lucía intenta quitarse ese malestar que siente ocultando esa parte de ella e intentando cambiarla.

Pero, amiga, ¿esta es la actitud?, ¿esto acerca a Lucía a ser más segura? No.

Porque, como te contaba antes, **cuando intentamos ocultar o cambiar desde el rechazo un aspecto de nosotras que nos causa inseguridad, la inseguridad aumenta y se perpetúa.**

Así que ¿qué crees que puede hacer Lucía para ser más segura a pesar de sentirse insegura respecto de su culo?

Pues aceptarlo tal como es y respetarlo.

Sería algo así como: «Vale, mi culo no es tan grande como el de esa y quizá no tan bonito como el de aquella, pero mi culo es mío, y es válido. No tiene por qué ser el mejor culo del mundo para poder ponerme un tanga o unos pantalones apretados. Mi culo es solo una parte de mí, y yo soy mucho más que eso. Hay otras partes de mi cuerpo que me hacen ser bonita y, en su conjunto, soy totalmente válida no solo para gustar, sino, sobre todo, para ser respetada y respetarme.

Si alguien no quiere estar conmigo por mi culo, esa persona no es la que yo deseo para mí. Pues yo merezco a alguien que me acepte como soy, a quien le guste más allá de mis partes "más feas" o "más bonitas"».

Pensando y actuando de esta forma, Lucía va a poder sentirse más segura con ella misma. A veces, incluso puede llegar un día en el que esta inseguridad desaparezca. Porque se dará cuenta de que eso no le impide tener lo que desea, que, a fin de cuentas, es que la quieran o gustar. Y quererse y gustarse. Y es que, cuando algo que tengo o que soy no me impide tener lo que deseo, eso deja de ser un problema.

En el caso de Jose, ¿cómo crees que sería?, ¿qué tendría que hacer Jose para sentirse más seguro en vez de inseguro?

Pues sería algo así como: «No en todos los grupos ni a todas las personas les gusta lo mismo. El hecho de que en mi clase del colegio se premiara más el ser deportista y extrovertido no significa que ser lo contrario esté mal. Existen lugares y personas donde es válido (e incluso deseado) no ser deportista y ser introvertido. No está mal como soy; lo que estuvo mal es no conocer a ninguna persona durante esa época que validara mi manera de ser. Si la hubiese conocido, quizá no habría pensado que ser como soy es malo, y no habría intentado ser de otra forma para que me quisieran.

La verdad es que no tengo que cambiar mi manera de ser, así soy totalmente válido. Voy a salir al mundo a conocer más entornos en los que pueda sentirme aceptado y donde poder pertenecer, porque a lo mejor era un pez en el desierto y no en el mar».

Tanto Lucía como Jose —igual que tú y que yo— se encontraron con personas o situaciones que les crearon inseguridades, y en ese momento no tenían las herramientas para evitar que la inseguridad se quedara impregnada en ellos.

Pero no te preocupes, que no las tuvieras entonces no significa que no puedas tenerlas nunca; de hecho, justo ahora estás aprendiendo a ello.

No sé si te has dado cuenta de que lo que te he contado de cómo Jose y Lucía pueden sentirse más seguros es muy similar a lo que te expliqué en el capítulo anterior sobre cómo tener una buena autoestima y, en el anterior, sobre cómo establecer un diálogo interno sano. ¿Es casualidad? No. No es casualidad porque no existe una cosa sin la otra. Las tres están totalmente relacionadas.

No hay seguridad real sin una buena autoestima y sin un buen diálogo interno.

Te he contado el caso de Lucía y el de Jose, pero ¿cuál es tu caso? Mientras leías estas líneas, ¿has podido identificar cuáles son tus inseguridades?, ¿de dónde pueden venir?, ¿cuál es el miedo que esconden y qué estrategias has desarrollado para poder sobrellevarlas?

Te invito a que te pares un momento para tomar consciencia de todo esto y que, del mismo modo que hemos hecho con ellos, te preguntes a ti misma: «¿Qué puedo hacer yo?», «¿qué puedo decirme y cómo puedo tratarme para acercarme a ser más segura a pesar de tener esta o estas inseguridades?».

Ayúdate de la misma manera que lo hemos hecho con Lucía y con Jose, pero esta vez hazlo contigo.

Tómate tu tiempo y crea tu estrategia para ir deshaciendo tu inseguridad, para conseguir así estar más cerquita de sentirte segura. Llévala a cabo cada día. Recuerda el ejemplo del jardín. Tu inseguridad no cambiará en un día, pero llegará el momento en que lo haga, y será gracias a tu esfuerzo, tu paciencia y tu dedicación.

Antes de acabar este capítulo, quiero contarte la siguiente historia:

Un hombre heredó un coche de su padre y le dijo a su hijo: «Coge el coche del abuelo y mira a ver cuánto te dan por él». El hijo fue a una tienda de compraventa de su barrio y le ofrecieron seiscientos euros por el coche. Algo desanimado por el poco dinero que le daban, volvió a casa y se lo comunicó a su padre.

Este le pidió que esta vez fuera a un concesionario especializado en coches clásicos. El hijo, ese mismo día, fue al concesionario que le había dicho su padre. Y, para su sorpresa, le ofrecieron treinta mil euros por el coche.

El hijo volvió a casa corriendo a contárselo a su padre, y le preguntó: «¿Cómo es posible que por el mismo coche por el que esta mañana me daban seiscientos, ahora me den treinta mil?». A lo que el padre le respondió: «Hijo, el valor de algo se mide únicamente por quienes saben apreciarlo. Un cuadro de Picasso en un mercadillo de frutas es una pieza de trastero; sin embargo, valorado por artistas experimentados, su valor es otro».

Recuerda esto **cuando no te sientas valorada y encárgate de no olvidarte tú de ver tu propio valor y de rodearte de personas que también sepan apreciarlo y apreciarte.**

Recuerda esto siempre. ♥

LA SEGURIDAD, EL BULLYING Y LA HERIDA DEL RECHAZO

Me gustaría decirte algo antes de empezar este apartado: si alguna vez has sufrido *bullying*, lo siento, de verdad. Ojalá ni tú ni nadie en este mundo tuviera que sufrirlo. Es una de las experiencias más dolorosas que podemos vivir y de las que más pueden marcarnos.

Cuando hablo de *bullying*, me refiero a desde que en el colegio te peguen o te insulten hasta a estar en clase y no tener a ninguna amiga que quiera sentarse a tu lado. Sufrir *bullying* no es solo lo que visiblemente se percibe como un rechazo. Existe el rechazo silencioso, que hace el mismo daño.

Una persona que ha sufrido *bullying* es una persona con una herida de rechazo. Porque sufrir *bullying* es vivir sintiendo que alguien no te quiere ni acepta tal y como eres, que es justo lo que significa ser rechazada.

Y el rechazo es una de las cosas más dolorosas que podemos vivir, pues, como seres sociales que somos, necesitamos sentir que pertenecemos a un grupo para sentirnos completos y en bienestar. Nos ayudamos del grupo para crecer y descubrir quiénes somos.

De este modo, si tus compañeros de clase, tus amigas de baile o tus vecinos del bloque te llamaban para jugar, te elegían para sentarse contigo en el autobús o te invitaban a sus cumpleaños, seguro que te sentirías elegida y querida por ellos. Y esto te llevaba a construir en tu cabeza la idea de que eras válida así, tal y como eras.

Pero si, en cambio, te escogían la última para formar equipo en educación física, no te contaban sus cosas o incluso te ridiculizaban o hacían el vacío, estoy segura de que no te sentías elegida y querida por ellos, sino todo lo contrario. Y esto te llevaba a implantar en tu cabeza la idea de que no eras válida así, tal y como eras.

Si tu caso se parece a la primera opción, me alegro mucho, de verdad. Tuviste la suerte de estar en un entorno donde encajaste y te respetaron, lo que hizo que te sintieras más segura de cómo y quién eras.

Si, por desgracia, has vivido la segunda opción y fuiste rechazada por el grupo, de nuevo, lo siento mucho. Lo lamento no solo por lo mal que lo pudiste pasar, sino por las secuelas que ha podido tener y sigue teniendo esto en ti.

Cuanto menos aceptada has sido o eres por tu entorno, más se arraiga en ti la idea de que no eres válida, de que algo está mal en ti y de que tú eres el problema. Y esto hace que te sientas más insegura que quien no ha sufrido lo mismo que tú.

Cuando somos niñas o adolescentes, nuestra necesidad de pertenecer y de ser vistas es, en general, mayor que cuando somos adultas. En ese momento, tenemos pocas herramientas para gestionar la vida, y las que tenemos son muy pobres, porque justo entonces estamos aprendiendo a cómo llevar la vida, pero todavía no sabemos bien cómo hacerlo —si ahora que somos adultas todavía nos cuesta, imagínate siendo más pequeña y con menos recursos—.

La lógica es una de las herramientas más predominantes en ese momento. Por ello, cuando tienes siete años y se meten contigo, no piensas que el problema es de esos niños que no saben ver tu valor o que no tienen la habilidad para respetarte ni entender que ser diferente no es malo. Tampoco piensas que ese niño que se mete contigo quizá lo hace porque le gustas o porque en su casa su hermano mayor también se mete con él, y es la única forma de relacionarse que conoce.

En resumen, no crees que el problema lo tengan ellos. Lo que crees es que, si se meten contigo y no con Agustín, Carlota o Andrea, significa que el problema eres tú. Pero entonces ya no solo te duele que te insulten o ignoren, ahora también te duele la idea de que el problema eres tú. (Como le pasa a Marianne, de la serie *Normal People*, en el instituto).

Y este es el principal dolor: creer que el problema eres tú.

Si en ese momento no tienes cerca a un adulto que te ayude a ver y entender que el problema no eres tú, esa idea se quedará arraigada en ti y te acompañará de por vida. Al menos hasta que no la cuestiones y te des la oportunidad de empezar a verla de otra manera, que es precisamente lo que estamos haciendo aquí ahora.

Verla de otra forma sería empezar a entender que el problema no es tuyo por llevar gafas, ser más introvertida, ser azul, verde o amarilla. El problema es que esos niños todavía no habían aprendido a respetar a las personas y, cuando veían a alguien diferente a lo que ellos estaban acostumbrados, en vez de sentir curiosidad y deseo de acercarse, experimentaban rechazo y se permitían expresarlo de la peor forma posible.

Esto te hizo creer que ser diferente era malo, a pesar de que, en muchas ocasiones, ser diferente es lo que en el fondo desean muchas personas: ser diferentes para sentirse especiales y distinguidas, entre otras cosas. (Como empieza a ocurrirle a Marianne en la universidad).

Tú no tuviste la culpa de que te tocara vivir ese rechazo. De hecho, nadie merece vivir ese rechazo, por lo que no justifiquemos lo que pasó pensando que se debía a que eras de una determinada forma y no de otra.

En serio, no deposites en ti la culpa de tu herida. La culpa de tu herida la tiene quien te hirió.

Quiero hacer un paréntesis para contarte que este tema me toca mucho. Y me toca por lo que te comenté en capítulos anteriores sobre la injusticia. No sé si te acuerdas, pero te conté lo mucho que me costó aceptar la idea de que la vida no siempre es justa. Y este tema del *bullying*, el hecho de que haya personas que lo sufran, es una representación evidente de que la vida no es justa, porque nadie merece vivir un rechazo de este tipo por parte de otra persona. Lo siento, pero no. Y, aun así, pasaba y sigue pasando. Y me duele, me duele mucho ver cómo a una niña de cinco años o a una adolescente de catorce, o hasta a una persona de treinta y siete, la acosan o la hacen sentir de menos, porque siempre hay algo bonito en todas las personas y, sobre todo, siempre todas tenemos el derecho a ser respetadas. Por eso me enfada y me duele.

Cerrando paréntesis, quiero que ante todo entiendas que el *bullying* no solo te afecta cuando te lo están haciendo, sino también cuando no hay nadie que en ese momento te ayude a digerirlo de forma sana, porque se queda en ti como un suceso traumático que significa que va a influir en cómo vas a vivir tu vida posteriormente. Y, de hecho, déjame decirte que, hasta que no lo sanes, seguirá condicionando tu vida más de lo que te imaginas y, sobre todo, más de lo que deseas.

Las personas que han sufrido un rechazo continuado han asumido que ese es su rol en la vida, el de «ser rechazadas o no queridas». Por ese motivo, tienden a quedarse con las personas que las hacen sentir de ese modo. Se sienten cómodas donde les duele porque es lo que conocen, mientras rechazan el buen amor porque no creen merecerlo. (Como le ocurre a Marianne).

La mayoría de las personas que han sufrido *bullying* y no lo han sanado hoy se hacen *bullying* a ellas mismas. Sí, como lo lees. Lo que te cuento es tan grave como real.

En terapia, no dejo de ver a muchas pacientes con veinte, treinta o cuarenta años (da igual la edad) que no se aceptan a sí mismas, que se critican, que ocultan partes de ellas o que, en general, se rechazan. ¿Y sabes qué? Detrás de cada una de ellas hay una historia de *bullying*. Pero no te imagines solo esas historias de abusos que salen en las películas (aunque alguna historia real, por desgracia, supera a las de Hollywood). Como te decía antes, no necesariamente tenemos que vivir un caso extremo de *bullying* para que hiera, afecte y sea necesario sanarlo.

Las personas de las que te hablo vivieron un rechazo que sembró en ellas la idea errónea de que el problema era suyo, y su forma de sobrevivir a él y de buscar la aceptación fue intentar cambiar. ¿Y cómo intentaron cambiar? Pues de la misma forma que lo habían hecho con ellas en algún momento: con insultos y desprecio. Incluso sin llegar a cuestionarse si querían o no tratarse así.

Los compañeros de Ainhoa se metían con su frente, y hoy ella no soporta su frente y, cuando se mira al espejo, se critica e insulta como hacían con ella.

Cuando tenía que hablar en público, Luis se ponía nervioso y tartamudeaba. Como todavía le pasa ahora, de adulto, no se expone a situaciones en las que tenga que hablar en público. Por eso, hace dos años que debe terminar su trabajo de fin de grado y, cuando llega el momento, se dice que es un inútil y se machaca hasta que se le olvida de nuevo.

Laura estaba más gorda que las niñas de su clase que empezaron a tener novio, y estas se reían de ella porque ella no tenía uno. Ahora, Laura vive en una perpetua dieta, se machaca en el gimnasio y está obsesionada con su peso, pues cree que esa es la única forma de asegurarse de que la quieran.

Ainhoa, Luis y Laura sufrieron porque personas de su vida no los aceptaron tal y como eran, no los respetaron ni los quisieron. Y por eso ahora ellos tampoco se aceptan tal y como son, ni se respetan ni se quieren. No fueron comprensivos, ni amables ni amorosos con ellos. Y ellos tampoco lo son ahora consigo mismos.

Hasta que no sanen sus heridas, las personas que se metieron con ellos siguen en su interior, y todavía tienen poder en sus vidas.

Las personas que te hicieron o te hacen *bullying* no son tus personas medicina, sino precisamente las que crearon parte de ese diálogo interno destructivo del que te he hablado en capítulos anteriores.

Lo he repetido varias veces y no será la última vez que lo diga:

**Gran parte de tu historia
no la has elegido tú, pero ahora sí
está en tu mano crear cambios para
poder vivir un presente más alineado
con lo que deseas y así construir
un futuro mejor.**

Cuando te traten mal, pregúntate: «¿Esto es lo que me merezco o lo que me hicieron creer que merecía?». Recuerda que el hecho de que te sea familiar no significa que tenga que seguir formando parte de tu vida.

Cuando te trates mal, pregúntate: «¿Quiero tratarme como ellos?». Si la respuesta es que no, cuando detectes en ti comportamientos o palabras hacia ti misma que se parezcan a lo que ya sufriste, acuérdate de que eso no eres tú e intenta tratarte y hablarte como la persona medicina que deseas ser. Solo así podrás ir sanando esa herida que hay en ti y construyendo un futuro en el que haya más aceptación, más respeto, más amor y, por tanto, más seguridad en ti misma. En definitiva, la vida que mereces. Porque de verdad que esta es la vida que mereces.

LA BASE DEL AUTOCUIDADO

¿TE TIENES EN CUENTA?

Yo: ¿Cuánto tiempo pasas contigo misma al día?

Paciente: Todo el tiempo, ¿no?

Yo: Exacto. ¿Y cuánto de ese tiempo estás conectada contigo?

Paciente: ¿Cómo puedo saberlo?

Yo: Observa tu respiración, ¿cómo la sientes?

Paciente: Espera, algo entrecortada.

Yo: ¿Cómo te sientes ahora?

Paciente: Nerviosa e incómoda.

Yo: ¿Qué necesitas?

Paciente: Saber qué es estar conectada conmigo y abrir la ventana porque tengo calor.

Yo: Puedes abrir la ventana, te espero aquí.

La paciente se levanta a abrir la ventana de su cuarto y vuelve a dirigirse a la pantalla del ordenador donde estoy yo por videollamada.

Yo: ¿Ahora mejor?

Paciente: Sí.

Yo: Vale, dime ahora qué te apetece.

Paciente: No lo sé. No sé qué me apetece. Me suele costar responder a esa pregunta.

Yo: Vale. Esto que estamos haciendo justo ahora es ayudarte a que conectes contigo.

Cuando llegó a terapia, mi paciente, como muchas personas, no sabía qué era eso de conectar consigo misma ni mucho menos cómo hacerlo. Una muestra de ello era su dificultad para poder parar, mirar en su interior, escucharse e identificar qué había ahí.

Y es que el hecho de que estés todo el día contigo misma no significa que estés conectada contigo ni que te tengas en cuenta. De hecho, la inercia de la vida nos lleva a la mayoría de las personas a vivir en modo automático, y vivir así significa no tener en consideración ni cómo nos sentimos ni lo que necesitamos ni nada de nada. En definitiva, vivimos sin escucharnos. Y, si no nos escuchamos, será muy difícil cuidarnos y atendernos como deseamos o como necesitamos.

Cuando era pequeña, tenía una vecina que se llamaba Elisa. Cuando jugábamos, a ella le daba todo igual y siempre estaba conforme con lo que las demás eligiéramos. Recuerdo preguntarle si le gustaba más el Crash Bandicoot o el SingStar, y ella responderme que no lo sabía. En otra ocasión le pregunté si prefería pizza o pasta, y me dijo que tampoco lo sabía.

Cuando nosotras ya elegíamos nuestra ropa, a Elisa se la seguía eligiendo su madre; y cuando nosotras ya hablábamos de emociones, Elisa aún no sabía distinguir si estaba triste o algo le daba vergüenza. Cuando yo llegaba a mi casa, mi padre me preguntaba cómo me había ido el examen de mates o a qué había jugado en el recreo, mientras que, cuando Elisa llegaba a su casa, algunos días escuchaba cómo su madre se quejaba del trabajo y otros veían la tele mientras comían, pero nadie le preguntaba qué tal le había ido nada.

De pequeña, no me daba cuenta de lo que ocurría, pero ahora de adulta lo he entendido. Elisa actuaba así por algo. Elisa actuaba así porque a ella nadie le preguntaba qué quería comer, qué ropa le gustaba, qué necesitaba, qué tal se sentía en casa, qué tal le había ido en inglés, ni mucho menos nadie la escuchaba.

Quizá sus padres tampoco fueron escuchados, por lo que tampoco sabían escucharse. Así que ¿cómo iban a saber escuchar a su hija? Pero, claro, su hija, como tú y como yo, necesitaba tenerse en cuenta. Sin embargo, su hija, como muchas personas, se pasó mucha vida viviendo sin saber tenerse en cuenta.

Los padres de Elisa no lo hacían con mala intención, pero de pequeña no tuvo la oportunidad de que nadie le enseñara a tenerse en cuenta en su día a día, igual que les pasa a muchas personas. Pero este no es el único motivo que nos lleva a vivir desconectadas de nosotras mismas. Gran parte de ello viene de nuestra infancia, pero no todo. La época en la que vivimos nos impulsa continuamente a poner el foco hacia fuera y nos aleja de poner el foco dentro. Nos acerca al tener y nos aleja del ser. Nos mueve hacia la productividad y la aceleración y nos aleja de la calma que aporta el presente. Todo esto obstaculizaba a Elisa —como nos ocurre a todas— a la hora de tenerse en cuenta de verdad en el día a día. Pero, aunque este sea el camino hacia el que la corriente nos lleva, no es la única forma de vivir.

No tienes por qué pasar el resto de tu vida pasando de ti.

Aprendemos a decidir, a elegir y a identificar qué necesitamos, deseamos, sentimos y nos apetece cuando nos preguntan por ello y nos dan espacio para poder responder y ser escuchadas. Justo ahí es cuando aprendemos que lo nuestro también importa, y le damos el valor necesario para que pueda ser atendido.

Cuando hablo de este tema con mis pacientes, ellas suelen preguntarme: «¿Y cómo se hace? ¿Cómo puedo tenerme en cuenta?». Y a mí me gusta responderles: «Vamos a empezar por algo sencillo, pero no por ello fácil. Considérate alguien que te importa. Sí, métete en el papel como si fueras alguien que te importa; así será más fácil tenerte en cuenta, pues a las personas que nos importan solemos tenerlas en consideración. Ahora tienes que demostrarte que te importas, y para ello te propongo que cada día te plantees, aunque sea solo una vez, una de estas preguntas que te voy a proponer»:

¿Cómo estoy?

¿Cómo me siento?

¿Cómo me hace sentir esto que estoy escuchando, viendo, recibiendo o viviendo?

¿Qué emoción o emociones hay en mí?

¿Cómo me hace sentir esta emoción?

¿Cómo está mi cuerpo?

¿Qué necesito?

¿Qué me apetece?

¿Qué me gustaría?

¿Me gusta lo que veo?

¿Me gusta esto que siento?

¿Qué pienso sobre…?

Y continúo: «Elige la que quieras y háztela como mínimo una vez al día. Cuando te levantes, mientras conduces, en la ducha, en el trabajo. En cualquier momento. Si no sabes qué responderte, da igual. En realidad, las primeras veces ni siquiera tienes que responder. Estamos jugando a demostrarte que te importas, y para eso no es necesario responder, basta con preguntar y escuchar». A Elisa, cuando le pregunten por primera vez qué ropa quiere ponerse, no va a saber qué elegir porque no lo ha hecho antes, pero, si se le sigue preguntando, llegará un día en el que aprenda a elegir, igual que tú a responder a estas preguntas.

Antes de seguir, quiero preguntarte: ¿cómo crees que se siente una persona cuando le preguntan qué tal está o cómo le ha ido la entrevista que tenía hoy? ¿Crees que se siente igual que la persona a la que nadie le pregunta qué le apetece comer o qué tal le va en el nuevo lugar donde vive? ¿Cómo te sientes tú cuando alguien te pregunta? Yo me siento vista por esa persona y, por un momento, importante. ¿Cómo te sientes tú cuando esa persona no solo te pregunta, sino que tiene en cuenta tu respuesta? Yo me siento escuchada y tomada en consideración.

No sé tú, pero yo elijo ser esa persona que cada día intenta no olvidarse de mí.

Elijo ser esa persona que cada día me ve y me pregunta porque le importo.

Elijo ser esa persona que tiene en cuenta lo que pienso, lo que siento, lo que quiero y lo que necesito.

Elijo ser esa persona que vive conectada consigo misma.

Elijo ser esa persona que me cuida y me quiere.

P. D.: Hazte estas preguntas y no te rindas hasta que sepas responderlas y las hayas interiorizado, pues no será hasta ese momento cuando sepas estar conectada contigo misma.

ESCUCHA TU CUERPO

Quiero contarte algo que me pasó hace mucho tiempo. Cuando tenía veinte años recién cumplidos, creo que era noviembre, me empezó a doler el costado al respirar. Pasaban los días y yo no prestaba atención a ese dolor, aunque cada vez me dolía más. Ya no solo era en el costado, sino también en el centro del pecho, y el malestar era cada vez más intenso, como pinchazos. Al dolor se le sumaba la dificultad al respirar; sentía que el aire no terminaba de llegar a mi barriga, se quedaba a la altura de las costillas y no bajaba. Era incómodo, pero yo seguía sin hacerle mucho caso, ya que estaba muy liada con mil cosas del curro y la universidad. Seguí para adelante, hasta que un día el dolor ya era insoportable. No podía más, así que me fui a urgencias del Hospital Carlos Haya (a este hospital de Málaga solo vas porque realmente no te queda otra, ya que sabes que va a estar lleno de gente y que vas a tener que esperar horas).

Si te soy sincera, no soy nada de médicos, así que te confieso que, si fui esa noche, es porque creía de verdad que se me había roto una costilla o algo más grave. Por lo menos, era lo que me decía a mí misma para lograr entender ese dolor tan fuerte que sentía.

Después de esperar durante horas, entré a la consulta y, al intentar subirme en la camilla, apoyé un pie en el típico taburete que se usa como escalón para llegar a la camilla.

¿Sabes cuál te digo? Pues ese. El caso es que apoyé un pie ahí con la mala pata (nunca mejor dicho) de qué me resbalé y sentí un tirón en el costado que me hizo ver las estrellas. Mi costado terminó de reventar, y yo también. Rompí a llorar. Le expliqué a la médica que me dolía muchísimo, que de verdad que no era normal. Tras hacerme pruebas, la doctora me dijo que no tenía nada, que debía de ser algo muscular, así que me recetó un relajante muscular. Quiero confesarte que, aunque no soy de pastillas, me dolía tanto que me las tomé. Si te soy sincera, tampoco tenía otra opción; no me habían dado ninguna otra solución para lo que me pasaba porque, de hecho, ni siquiera me habían dicho lo que realmente me pasaba. Total, que me las tomé y se me calmó; bueno, se calmaron el dolor y mi cuerpo entero, porque esas pastillas me tumbaron.

Pasaron los días y sí, el dolor había disminuido, pero no me quedé conforme con eso; quería saber qué era realmente lo que me ocurría. De dónde venía ese dolor y cómo podía solucionarlo desde la raíz. Y entonces, buscando alternativas, di con una fisio especializada en osteopatía. Fui a Granada, que es donde tenía su consulta, y me dijo que lo que me pasaba era que tenía una enorme contractura en el diafragma que con sus masajes ella podía descontracturar. Sin embargo, añadió que, si quería cuidarme de esa contractura, eso no sería suficiente. Y es que, claro, la contractura del diafragma no había venido de la nada, sino que era el resultado del estrés que estaba experimentando. Era mi cuerpo sufriendo las consecuencias del ritmo de vida insano que llevaba, es decir, era mi cuerpo gritándome que me escuchara y parara.

Yo no me estaba escuchando. Para serte sincera, minimizaba lo que sentía y no me cuidé. Seguí hacia adelante hasta que no me quedó otra y tuve que parar.

Agradezco que mi cuerpo me doliera de esa forma tan sumamente molesta, pues fue la única manera de que lo escuchara.

Y suerte que no me quedé solo con la pastilla de relajante muscular y el pobre diagnóstico de la doctora; habría perdido la oportunidad de descubrir algo importante de mí: el diafragma iba a ser la parte de mi cuerpo que me alertara de cómo me encontraba. El diafragma, junto con la respiración, serían los puntos en los que fijarme para saber cómo me sentía en ese momento y a lo largo de mi vida. Serían mis termómetros del estrés.

Fui de forma continuada a la osteópata a que me descontracturara el diafragma y empecé a tomarme en serio mi salud. Comencé terapia y aprendí a escucharme. Porque de nada iban a servir la osteópata y la terapeuta si en mi día a día no cambiaba yo mi modo de vivir.

Desde ese momento, no he vuelto a tener esa contractura, y ya han pasado más de diez años. Y no ha sido porque no haya estado estresada o porque no haya tenido ningún problema en todo este tiempo (sería imposible, tanto para mí como para cualquiera). El motivo de que no haya vuelto a tener esa contractura es que, como te he dicho, ya sé escucharme. Así que, antes de que mi cuerpo chille, yo le estoy prestando atención para entender qué quiere decirme, y esto me ayuda a parar a tiempo. Porque mi cuerpo, igual que el tuyo, sabe más de lo que, a veces, somos capaces de ver.

Donde la mente no llega, llega nuestro cuerpo.

Tu cuerpo es donde más información real vas a encontrar sobre ti, sobre cómo te sientes y sobre lo que te pasa. Puedes pasar de él constantemente, pero él volverá una y otra vez, y en cada ocasión de una forma más notable, a intentar llamar tu atención para que, por fin, le hagas caso. O, mejor dicho, para que, de una vez por todas, te hagas caso. Sí, porque no olvides que tu cuerpo eres tú. Eres tú misma pidiéndote ayuda. **Y aunque puedas pensar que esas molestias en tu cuerpo son el problema, en realidad son la alarma de que existe un problema interior.**

Escucharte es tenerte en cuenta, y tenerte en cuenta te ayuda a estar conectada contigo, que es el primer paso para darte lo que quieres y necesitas y, a la larga, para construir la vida que deseas. Y, más importante aún, para poder ser tú misma. Y es que, si no estás en conexión contigo misma, no sabrás quién eres y, por tanto, no podrás ser tú. Así que, para que esto no pase, acuérdate de ti, escúchate y conecta contigo.

P. D.: Ahora es un buen momento para pararte a escucharte. Por ejemplo, puedes preguntarte: «¿Cómo me siento después de haber leído lo que acabo de leer?».

SER COMPLACIENTE O SER TÚ MISMA

Mientras escribía sobre la importancia de escucharte para poder tenerte en cuenta y poder ser más tú, me ha sido inevitable pensar en otros aspectos que también impiden que podamos actuar en consonancia con nuestras necesidades y deseos y, por lo tanto, ser más nosotras y no tanto «eso» que aprendemos a ser para sobrevivir en este mundo.

Y me he acordado de la complacencia. Y es que ser complaciente es uno de los enemigos principales para poder ser una misma y auténtica.

Te explico: en psicología hablamos de la esencia como la parte más real de la persona, su parte más auténtica. Esta parte no todas las personas la conocen de sí mismas, porque, desde que nacemos, nos pasamos la mayor parte del tiempo siendo lo que los demás esperan de nosotras, y se nos olvida ser nosotras.

Esto ocurre por nuestra necesidad de ser queridas. Esta lleva a muchas personas a desarrollar la estrategia de complacencia para de este modo recibir el aprecio de los demás.

Y, oye, sin duda ser complaciente tiene muchos beneficios: encajar en cualquier lugar gracias a tu capacidad de adaptación o caerle bien a mucha gente por tu habilidad camaleónica. Pero también tiene un contra: mientras estás complaciendo a todas esas personas, te estás olvidando de ti.

Por ejemplo, para poder caerle bien a la familia de tu novio, tienes el foco puesto en qué es lo que ellos quieren que digas y no en lo que tú quieres decir. Prestas especial atención a cómo ellos quieren que te sientas y no a cómo tú te sientes. Te centras en qué les apetece a ellos y no en lo que te apetece a ti. Y nadie te obliga a que pongas el foco en ellos y no en ti. Sé que es tu forma automática de funcionar, que te lleva a estar tan pendiente de los demás que no te deja tiempo para estar pendiente de ti.

Pero, claro, esto no solo te pasa con la familia de tu novio; si tiendes a ser complaciente, te pasa con tu jefe, con tu amiga, con tu primo y con la vecina de al lado. Sabes de lo que te hablo, ¿no?

Como te decía, las personas complacientes normalmente lo son porque en su momento lo necesitaron para sobrevivir; sin embargo, ahora quizá ya no haga falta ser siempre así para lograr encajar. Pero, si no se paran a darse la oportunidad de cambiar, su modo automático las llevará a seguir comportándose así de por vida sin medir cuándo es necesario y cuándo no.

Como te comentaba, está claro que complacer en sí mismo no es malo. De hecho, nada es bueno ni malo por sí solo, pero complacer todo el tiempo te hace daño porque te lleva a vivir continuamente pendiente de los deseos, las necesidades y los pensamientos de los demás, olvidándote de ti.

Una persona complaciente es experta en leer al otro, pero totalmente inexperta en leerse a sí misma. Esto ocurre porque lleva años practicando el leer al otro, mientras que, probablemente, ha dedicado cero unidades de tiempo a leerse a sí misma.

Por eso, **ser complaciente es uno de los principales enemigos de ser tú misma**, porque, como te decía antes, para llegar a ser tú misma primero debes tenerte en cuenta, después escucharte y luego podrás darte lo que deseas y necesitas. Solo así estarás más cerca de la vida que quieres y de llegar a ser tú en tu más pura esencia. Porque la realidad es que:

Una persona que se quiere bonito es una persona que sabe ver al otro sin olvidarse de sí misma.

Si mientras leías lo que he contado sobre complacer te has sentido identificada, has pensado «yo soy esa» y te gustaría empezar a cambiarlo, quiero que sepas dos cosas.

En primer lugar, que cada vez que te relaciones con alguien (ya sea tu pareja, amigos, familia, trabajo, etcétera) es muy probable que no estés siendo tú, sino quien crees que tienes que ser para que el otro te acepte. Es difícil de admitir, pero es muy probable que, de manera inconsciente, tus respuestas o comportamientos sean los que crees que ellos desean escuchar o ver en ti. Así que yo te invito a que en esos momentos intentes preguntarte a ti misma todo lo que te propuse antes. Cuando pienses en qué estará pensando la otra persona de lo que has dicho, dale la vuelta a este pensamiento y pregúntate también qué estás pensando tú de lo que has dicho. Cuando pienses en cómo se habrá sentido tu compañera de trabajo con lo que ha dicho tu jefa, piensa también en cómo te sientes tú con lo que ha dicho tu jefa.

De esta forma, no dejas de poner el foco en la otra persona, sino que le estás añadiendo el poner el foco en ti. Así, poco a poco, con mucha mucha práctica, interiorizarás el tenerte en cuenta a ti y no solo a los demás, lo que te acercará a cuidarte más y a quererte más bonito.

En segundo lugar, quiero decirte que lo tuyo también es importante, y que no tienes que ser como el otro espera de ti para poder gustar. Si pruebas a ser tú misma, quizá te des cuenta de que así también puedes ser querida.

Cada vez que intentas ser otra persona en vez de tú misma, estás haciendo más grande y fuerte la idea de que como eres no es válido, y eso te lleva a creer que, para ser querida, tienes que ser como crees que el otro espera que seas. Date la oportunidad de intentarlo, date la oportunidad de mostrarte libremente, aunque sea con miedo. Muestra lo que sientes, tus pensamientos y deseos, pues será la única forma de llegar a ver que, tal como eres, ya eres genial y digna de ser querida.

Esto te acercará a ser cada vez más tú, más auténtica y más real.

IMPORTANTE: Da estos pasitos con personas que sean espacios seguros, pues los primeros pasos son complicados, y necesitamos cuidarnos teniendo la seguridad de que las personas con las que vamos a empezar a ser nosotras no nos rechazarán ni nos harán daño.

SER PERFECTA O SER AUTÉNTICA

El otro día, nada más comenzar una sesión, Dafne, mi paciente, me contó que estaba conociendo a alguien, pero que no era lo que ella tenía planeado porque lo había dejado hacía poco con su expareja. Su intención era estar más tiempo soltera, y aún no quería empezar nada con nadie. Esto no me lo contaba tranquila o contenta, sino muy agobiada, con ansiedad y sin parar de lanzarme preguntas como: «¿Esto es correcto?», «¿esto es normal, Paula?», «¿esto está bien?». Yo le respondí que eso no era normal. ¿Te imaginas? ¡¡No!! No me lo quiero ni imaginar. ¿Cómo le voy a decir eso a alguien? Y menos a una paciente.

Lo que yo hice fue lanzarle una pregunta que nos llevó a la siguiente conversación:

Yo: ¿Tú quieres vivir una vida correcta o una vida alineada con tus necesidades, valores y deseos?

Dafne: La segunda opción, Paula, una vida alineada con mis necesidades, valores y deseos.

Yo: Vale, y estas preguntas que me estás haciendo sobre si es correcto o normal o si está bien o mal, ¿te llevan a una vida alineada con tus necesidades, valores y deseos o a una vida correcta?

Dafne (*muy segura*): A una vida correcta.

Yo: Vale. Es muy probable que lo que te esté agobiando no sea lo que ha pasado, sino cómo te estás acompañando tú en esto que ha pasado. Con estas preguntas que no dejas de hacerte estás priorizando el hacer «lo que se tiene que hacer» y se te está olvidando hacerte las preguntas que pueden acercarte a esa vida que dices que te gustaría.

Dafne: ¿Y cuáles son esas preguntas que puedo hacerme? Porque necesito saber qué me está pasando, qué estoy sintiendo con todo esto, y decidir. Necesito que esta ansiedad se vaya.

Yo: Puedes preguntarte muchas cosas, como: «¿Qué tal estoy?», «¿qué me hace sentir esto que estoy viviendo?», «¿me apetece estar aquí?», «¿cómo me hace sentir estar aquí?», «¿se acerca a mis valores?», «¿es esto lo que quiero para mí?». Estas preguntas te ayudarán a escucharte, y desde ahí podrás tomar decisiones que te acerquen a una vida alineada contigo y no con lo que es correcto o normal. Tu ansiedad se calmará en el momento en que pongas el foco en ti y dejes de ponerlo fuera.

La que sabe cuál es la mejor decisión para ti eres tú, y solo la encontrarás si te haces las preguntas adecuadas.

La tendencia a hacerlo todo perfecto y de manera correcta es otro de los principales enemigos de ser tú misma y de quererte bonito. Ser la niña buena que tu mamá quiere que seas o la hija que cumple las expectativas de papá muchas veces no es, precisamente, ser tú misma.

Y es que, como la complacencia, buscar la perfección es otra estrategia que desarrollamos con la intención de conseguir ser aceptadas y queridas por los demás a costa de nuestra salud. **La búsqueda de la perfección esconde la idea de que, si soy perfecta, me querrán y, si no lo**

soy, dejarán de hacerlo. Por eso, me paso la vida buscando la manera de ser perfecta, aunque sea una tarea imposible.

Las personas que buscan la perfección son muy exigentes y poco compasivas y flexibles consigo mismas. ¡Ah! Y, por supuesto, tienen una habilidad increíble para ver lo que falta y no darle importancia a lo que ya hay. Usan esta estrategia como aquel que busca la pieza que le falta del puzle para poder completarlo, sin dar valor a las piezas que ya están puestas; focalizándose en el hueco que queda por cubrir. Creen que, siendo de esta forma, lograrán dejar de ser imperfectas, mientras que lo único que consiguen es sufrir en el intento y alejarse de lo que realmente son. Se alejan de su esencia, que, como la de todas, está formada por luces y sombras.

Yo, a mis pacientes con tendencia perfeccionista (que no son pocas; si alguna está leyendo esto, sabe perfectamente que está entre ellas) les digo que intentar ser perfectas, aparte de que es muy cansado, las hace sentir más inseguras que aceptar que no lo son.

Esta idea, al principio, choca bastante, porque, como comentaba en páginas anteriores, **creemos que vamos a sentirnos más seguras cuanto mejores seamos y no cuanto más aceptemos y respetemos lo que ya somos.**

Para estas personas, reconocer sus errores, sus sombras, sus puntos de vulnerabilidad o como quieras llamarlo, las conecta con el miedo de que dejarán de valer y, por lo tanto, de ser queridas. Porque, como te decía, al creer que la única forma de que las quieran es siendo perfectas, llegan a la siguiente conclusión: «Si reconozco que no lo soy, ¿me estaré rindiendo a ser imperfecta y a que no me quieran de por vida?».

A este tipo de pensamientos yo los llamo «ideas locas», que son esas ideas que se nos ocurren, pero que no tienen fundamento ni coherencia. Sin embargo, están ahí, en nuestra vida, ocupando espacio, y teniendo más poder del que deberían. (Aprovecho para decir que todos tenemos ideas locas, y eso no significa que estemos locos).

Total, que para una persona que busca la perfección, reconocer sus «imperfecciones» es justo lo que más miedo le da. Aunque es precisamente lo que la llevará a sentirse más segura y encontrar la calma interior que desea.

Si logra aceptar que es imperfecta y se permite serlo, será capaz de romper con esa «idea loca» y llegará a la idea coherente, que sería: «Ahora sé que, aun siendo imperfecta, sigo valiendo y me siguen queriendo. Puedo ser imperfecta y no pasa nada. Ahora puedo descansar». Cuando una persona llega a este punto, empieza a ver sus «errores» de otra manera. Ya no necesita no tenerlos, ahora puede vivir con ellos, y así es como se gana esa seguridad en sí misma.

Entonces ya no vive continuamente siendo quien se supone que tiene que ser, sino que se permite *ser*. Y esto, de manera inevitable, supone acercarnos a querernos bonito. Porque ¿cómo querernos bonito puede significar estar siempre exigiéndonos ser quien ni siquiera nos hemos cuestionado si queremos ser? ¿Cómo querernos bonito puede significar estar sin cesar comprobando cada cosa que decimos o hacemos? ¿Cómo querernos bonito puede significar no aceptar que somos imperfectas y que, aun así, merecemos ser queridas y querernos?

Pablo, un paciente, un día me dijo: «Paula, miro atrás y pienso en todo el tiempo que he pasado intentando hacerlo todo bien para demostrarle al mundo (y, en el fondo, a mí mismo) lo mucho que valía. Y, justo cuando he dejado de hacerlo todo bien, es cuando más capaz he sido de ver lo que valgo. Ahora siento menos ansiedad, soy más auténtico y me quiero más. He podido descansar y me siento más feliz».

P.D.: Cuanto más te permitas ser tú con tus luces y tus sombras, más auténtica serás y más te aceptarás. De hecho, incluso te gustarás más, créeme. Y todo ello será una señal de que te quieres un poco más bonito.

AUTOCUIDADO Y EMOCIONES

Ayer me levanté a las nueve, desayuné, me puse mona y me senté frente al ordenador. Ya estaba lista para comenzar mis sesiones de la mañana. Veo a Maite, mi primera paciente del día, y, sin que me diga nada, ya intuyo que algo no va bien. La miro, con esa mirada sincera de que realmente la estoy viendo. Veo lo que muestra y lo que esconde, y le formulo «la pregunta»: «¿Cómo estás?».

Ella me mira con los ojitos aguados, se echa a llorar de forma contenida y me dice como puede: «No quería llorar más».

Yo no digo nada, ella sigue llorando y, de nuevo, como puede, me dice: «No entiendo por qué estoy así». Entonces la miro y le digo con un tono cálido: «Quizá porque es lo que necesitas».

En ese momento, su llanto cambia. Desaparece la contención anterior y se da el permiso de llorar.

Sigue llorando. Cuando pasan unos minutos, me cuenta que la persona con la que estaba quedando, de repente había dejado de escribirle. Ella quiso saber qué pasaba, así que le preguntó, y la respuesta que recibió fue que no pasaba nada, solo que no estaba preparado para una relación y era mejor dejar de verse. Sin embargo, al cabo de una semana, vio que subía a las redes sociales fotos con su exnovia, con la que parececía que había vuelto.

Maite me dice: «Si solo hemos estado quedando dos meses, no entiendo por qué estoy así. A quien se lo he contado me ha dicho que yo valgo más que esto, que tengo que estar por encima de lo que me ha pasado y no darle importancia. Que no se merece ni una lágrima mía». Y yo le pregunto: «¿Y cómo se hace eso de estar por encima de lo que estás viviendo y no darle importancia cuando la realidad es que sí que te importa?», a lo que admite: «No lo sé. Solo quiero que esto que siento se vaya. Necesito que me ayudes a que esto pase».

Así que le digo: «Vale, yo puedo ayudarte a que eso que sientes se vaya, pero no de la forma que tú crees. Hacer como que no importa lo que sí que importa, hacer pequeñito lo que es grande o fingir que estás por encima de tus sentimientos no te ayudará a que lo que sientes se vaya. Si acaso, puede hacer que temporalmente no lo sientas, pero es lo único que puede hacer; después volverá más fuerte, porque **lo que no se resuelve vuelve**».

A ti te voy a ser muy clara y sincera: si quieres que algo que duele se vaya, invalidarlo no es la solución. Lo que necesitas es justo lo contrario: validarlo.

¿Cuándo invalidas lo que sientes? Cuando lo escondes. Cuando no lo reconoces. Cuando lo minimizas diciendo cosas como: «No es para tanto» o «Tampoco es para ponerse así». Cuando lo ridiculizas con frases como «Es de niña pequeña sentirse así» o «Deja de llorar, que estás haciendo el ridículo». Cuando te juzgas: «Qué vergüenza das, todo el día con miedo», o cuando lo relativizas: «Hay personas que están peor» o «Hay cosas peores».

Sé que son formas habituales de tratar de sobrellevar lo que nos incomoda, pero también sé que las personas que se hablan así no tienen otras herramientas, porque, si las tuvieran, no se hablarían de ese modo ya que sabrían que, lejos de sentirse mejor, este diálogo interno solo lleva a invalidar lo que se siente. Y esto ya sabemos que no es muy sano.

La intención de quien te dice: «Tía, podría haber sido peor» puede ser buenísima, igual que tú cuando te dices a ti misma que «no puedes sentirte mal si tienes todo lo que alguien podría querer». Sin embargo, aunque la intención sea animarte y que te sientas mejor, pregúntate: ¿realmente me hace sentir mejor esto? Las dos sabemos que no.

En serio, tú no eliges lo que sientes; no eliges sentir dolor, miedo, tristeza, vergüenza o envidia, del mismo modo que no eliges que te duela la barriga si algo que has comido te ha sentado mal o tener fiebre si has cogido un virus. Las emociones son reacciones automáticas de tu cuerpo.

Tú no eliges que aparezcan, pero, una vez que están ahí, tú decides si las entiendes, aceptas y respetas o las rechazas, ridiculizas y castigas.

IMPORTANTE: Piensa que lo que hagas con tus emociones es lo que haces contigo misma. Así que, si eliges entenderlas, aceptarlas y respetarlas, estarás entendiéndote, aceptándote y respetándote a ti misma, y ya sabes lo importante que es eso, ¿verdad? Creo que sí.

PARA QUÉ SIRVEN LAS EMOCIONES

Si en el colegio existiera una asignatura sobre educación emocional, explicarte para qué sirven las emociones sería más o menos de segundo de primaria. Pero, como, por desgracia, esta asignatura no existe, ni mucho menos existió, nos vemos con veinte o cincuenta años sintiendo todas las emociones y no entendiendo realmente para qué funciona ninguna. Y es que las emociones son mensajes que te manda tu cuerpo y que sirven para algo más que para hacerte sentir bien o mal. Las emociones te indican cómo estás y, por tanto, qué necesitas.

Por este motivo, quiero explicarte para qué sirve cada emoción, porque saber sobre emociones te ayudará a conocerte mejor y, por consiguiente, a acompañarte mejor. Porque ambas sabemos que no siempre te acompañas de la mejor manera cuando sientes según que emociones, sobre todo las desagradables. Así que, para quererte bonito, sumergirnos en las emociones es totalmente necesario.

Como bien sabrás, hay emociones que te hacen sentir mejor y otras peor. A las primeras suelen llamarlas «emociones positivas», y a las segundas, «negativas». Siéndote sincera, no me gusta nada que se las llamen así. No me gusta porque algo positivo se refiere a algo bueno y algo negativo hace referencia a algo malo, lo cual, como es lógico, lleva a las personas a querer sentir las emociones «buenas» y a rechazar las «malas». Y, sin duda, lo entiendo, claro que lo entiendo, pero me parece contraproducente para poder crecer en la vida. Porque, como te decía, todas las emociones tienen una función y vienen con un mensaje para ayudarnos a cumplirla. Si esto no nos queda claro, nos perderemos un montón de mensajes que necesitamos escuchar para poder avanzar. Por eso, yo prefiero no rechazar ninguna y llamarlas emociones desagradables o agradables. Las primeras son las molestas de sentir, como la tristeza o la envidia, mientras que las segundas son las que nos gustan sentir, como la alegría o la calma.

Sabiendo esto que te acabo de contar, puedes llamarlas como quieras. Pero, a diferencia de antes, ahora ya sabes que no hay emociones malas o buenas, sino que todas te van a servir en tu crecimiento y adaptación en la vida, algo que quiero que te quede muy claro.

Otra cosa que quiero remarcar es el mensaje y la función de cada una de las emociones, en concreto de las desagradables. Mi objetivo es que, cuando las sientas, puedas entender por qué y para qué te sientes de ese modo; ese será uno de los primeros pasos para poder cuidarte mejor en el plano emocional.

Para ello, he hecho un «diccionario de emociones» especial para ti, para que puedas leerlo ahora y volver a él siempre que lo necesites.

♥ Diccionario de emociones ♥

Tristeza

Mensaje: «Estás ante una pérdida o cambio significativo para ti. Date tiempo para sentirlo y adaptarte».

Función: te ayuda a procesar el dolor emocional, a pedir apoyo y a reorganizar tu vida después de una situación difícil.

Miedo

Mensaje: «Hay algo que podría hacerte daño. Protégete, prepárate o aléjate».

Función: te ayuda a sobrevivir al activar la respuesta de alerta y protección para que actúes con precaución en situaciones peligrosas o inciertas.

Enfado

Mensaje: «Algo no te gusta, algo te duele, algo te importa, algo ha traspasado un límite».

Función: te ayuda a darte cuenta de que hay algo que cambiar y te da fuerza para cambiarlo.

Ansiedad puntual

Mensaje: «Hay algo que podría salir mal. Prepárate, pero recuerda que no todo lo que te imaginas va a pasar».

Función: aparece para intentar protegerte de algo malo y te impulsa a que te anticipes y prepares las soluciones a posibles problemas que puedan ocurrir en el futuro.

Ansiedad generalizada

Mensaje: «Hay algo interno o externo que te daña o que te dañó que no está resuelto. Hay algo en tu modo de vivir que crea un conflicto en ti que te daña».

Función: esta ansiedad es tu cuerpo intentando que investigues qué es eso que te daña para que lo soluciones.

Vergüenza

Mensaje: «Algo que estás haciendo o has hecho es ridículo y no encaja con lo aceptado».

Función: promueve la autoevaluación y la adaptación al grupo para protegerte del rechazo o de que puedas dañar relaciones que te importan.

Envidia

Mensaje: «Deseas eso que despierta tu envidia».

Función: al mostrarte lo que deseas, te ayuda a motivarte para superarte, crecer y llegar a conseguirlo.

Dolor emocional

Mensaje: «Esto te ha herido profundamente. Necesitas consuelo, cuidado y tiempo para sanar».

Función: te señala que algo te ha herido y te ayuda a reconocerlo, atenderlo y buscar reparación. Puede ser un motor de transformación.

Frustración

Mensaje: «Esto no está funcionando como querías. Ajusta tus expectativas o cambia la estrategia».

Función: aparece cuando algo no sale como esperas o deseas y te empuja a insistir, a buscar nuevas estrategias o a soltar a tiempo.

Cansancio[1]

Mensaje: «No puedes seguir con este ritmo. Necesitas parar y cuidar de ti para recuperar energía».

Función: te señala que has llegado a un límite. Puede ayudarte a soltar exigencias y a reconectar con lo esencial e importante.

Como ves, todas las emociones, a su manera, intentan cuidarte.

---

1 Aunque el cansancio no es en sí mismo una emoción, sino más bien un estado físico y emocional, quería añadirlo para que puedas tener más recursos cuando lo sientas, porque sé que aparece a menudo.

Si te permites sentirlas, podrás recibir lo que vienen a decirte y podrás hacer algo con ello para tu propio beneficio. Mientras que, si te centras en que la emoción es molesta y se tiene que ir cuanto antes, estarás perdiendo esa oportunidad.

No olvides que quien te envía estos mensajes eres tú misma. Es esa parte de ti que ve más allá de lo que tú ves. Y, como te explicaba en capítulos anteriores, si no la escuchas, no te escuchas y, entonces, no podrás darte lo que necesitas ni eliminar lo que te hace daño.

¿QUÉ HAGO CON MIS EMOCIONES DESAGRADABLES?

Ya te he explicado cuál es el mensaje y la función de cada emoción. Sin embargo, para poder cuidarte cuando aparecen las emociones desagradables, no solo vale con saber para qué aparece la emoción en sí, sino que también es necesario conocer cómo gestionarla o cómo acompañarte en el momento en el que aparecen. Porque igual que cada una tiene una función diferente, también necesita un acompañamiento diferente.

Conocer esto te permitirá jugar con ventaja. Serás como la doctora que sabe qué medicina usar para cada molestia física que sientas. Pues tú sabrás cómo tratarte en cada situación en función de la o las emociones que estés sintiendo.

¡Ah! No se me puede olvidar decirte que a veces solo sentirás una emoción, pero otras experimentarás varias a la vez. Quizá en esos momentos será más complicado, pero podrás, sé que podrás.

Ante todo, sea cual sea la emoción que sientas, por mucho que no te guste, por mucho que no la entiendas o por mucho que quieras que se vaya YA, te recomiendo que en primer lugar te escuches, te trates con respeto e intentes tener una actitud amable contigo (algo que puede ayudarte mucho en este proceso es poner al volante del autobús a tu personaje medicina).

Es importante que tengas claro que no vas a pasar de un día para otro de no respetarte a respetarte o de ser una tirana contigo a ser la más amable del mundo. La cuestión es que poco a poco vayas adquiriendo esta actitud contigo misma, con paciencia. En algunos momentos te será más fácil, y en otros, más difícil. Algunas veces conseguirás escucharte, respetarte y ser amable contigo a un nivel 10; otras, a un 7, y otras, a un 3, y así, sin estar siempre en el 10, está bien.

Entender que no siempre vamos a tratarnos de una forma maravillosa ni vamos a saber cómo gestionar a la perfección cada emoción es ya estar tratándonos de una manera comprensiva y respetuosa.

En cambio, exigirnos hacerlo siempre perfecto y no tener en cuenta que en ocasiones no vamos a poder hacerlo como deseamos es no estar cuidándonos.

En definitiva, entender que a veces no podremos ser amables, respetuosas y superseres de luz también forma parte de ser una persona luz. (A las personas medicina a veces también las llamo persona luz).

Vale, ahora voy a pasar a contarte qué NO y qué SÍ necesitas cuando aparecen cada una de tus emociones.

Esto que vas a leer a continuación sería la gestión ideal. Acercarte a esto poco a poco ya es un logro, y es más que suficiente. De verdad, no busques la perfección, que ni existe ni la espero de ti, ni ahí vas a encontrar la salud ni la felicidad.

♥ Guía para gestionar tus emociones ♥

Tristeza

Tu tristeza no necesita que hagas como que no existe, que la escondas y la reprimas o que te fuerces a que desaparezca rápidamente. Tampoco necesita que te llenes de planes o trabajo o pases horas mirando el móvil intentando no sentirla. Tampoco sirve de nada aislarte para que nadie vea que estás triste o refugiarte en el alcohol y la comida como anestesia emocional. Ni muchísimo menos necesita que te hables mal, que te juzgues o te avergüences por sentirte triste diciéndote:

«Deberías estar bien» o «No tienes motivo para estar así». Ah, y tampoco necesita que le metas prisa, pues durará lo que tenga que durar, no lo que tú quieres que dure.

Tu tristeza necesita que la valides y que la reconozcas. Necesita que te des permiso para sentirla, ya sea llorando, escribiendo, hablando o de la forma en la que te salga expresarla. Necesita que busques apoyo y la compartas con alguien de confianza o que pidas ayuda profesional si es necesario. Necesita que la trates con suavidad, con mucho cariño y tacto, hablándote bonito, durmiendo bien, comiendo rico, moviéndote con respeto y haciendo cosas que te nutran sin exigencia, como si se tratara de una persona herida.

Miedo

Tu miedo no va a desaparecer por mucho que lo ignores o lo minimices haciendo como si no existiera. Tu miedo no necesita que lo ocultes; no eres más débil por sentir miedo. Es más, se hará más grande si no lo muestras. Tu miedo no necesita que te enganches a tus pensamientos catastrofistas y los alimentes. Tampoco necesita que le des mil vueltas al mismo tema.

Tu miedo necesita que lo aceptes y le des la importancia que tiene para ti, aunque sea diferente a la que pueda tener para otros. Tu miedo necesita que lo muestres y hables de él, pues eso te ayudará a que se vaya haciendo más pequeñito. Tu miedo necesita que poco a poco hagas las cosas a pesar del miedo y no que te quedes sin hacerlas por su culpa. Tu miedo te va a lanzar pensamientos catastrofistas intrusivos, y eso no lo eliges tú, pero sí que puedes elegir no hacerles caso recordando que solo es el miedo y no la realidad. Tu miedo necesita que refuerces tu confianza, no solo tu control.

Enfado

Tu enfado no necesita que lo silencies, lo tapes o lo camufles en otra emoción como la tristeza. Tampoco necesita que grites o golpees a quien está delante de ti. Tampoco necesita que te pongas a romper cosas sin control.

Tu enfado necesita que te permitas sentirlo, que lo valides y que escuches qué te viene a decir. Tu enfado necesita que lo expreses con respeto hacia ti y hacia tu alrededor (personas, animales o cosas). Tu enfado, a veces, necesita que te alejes de eso que te molesta hasta que su intensidad haya bajado un poco, para después poder expresarlo sin que el enfado te pilote. Tu enfado necesita que pongas límites, incluso a ti si es necesario. Tu enfado necesita que lo saques con fuerza, con movimientos bruscos o golpeando cosas conscientemente, pero sin hacerte daño, como golpear un cojín o un saco de boxeo o chutar una pelota contra una pared en un campo de fútbol. Tu enfado necesita que lo grites en lo alto de un monte, sin dañar a nadie ni dañarte a ti, que lo llores si es necesario y que no te avergüences de él.

Ansiedad puntual

Tu ansiedad puntual no necesita que la niegues o la reprimas, ni tampoco que te critiques por sentirla, con pensamientos del tipo «No debería estar así». Tu ansiedad puntual no necesita que la juzgues ni que te digas que eres débil por sentirla. Tu ansiedad puntual no necesita que intentes hacer como si no estuviera, que trates de disimularla y te prohíbas que los demás se den cuenta. Tu ansiedad puntual no necesita que busques soluciones inmediatas antes de entender su origen y de saber cuál es el mensaje que viene a traerte. Tampoco necesita que te sometas a más presión ni a más exigencias, tanto internas como externas, porque todo esto lo único que hará será aumentarla. Y aún menos necesita que te digas que es un infarto o que te vas a morir, o que creas que va a quedarse para siempre; es solo ansiedad.

Tu ansiedad puntual necesita que la identifiques y la aceptes. Necesita que la escuches como una señal de alerta de tu cuerpo, que viene a decirte algo; recuerda que no está ahí solo para fastidiar. Necesita que valides lo que estás sintiendo sin juzgarte. Necesita que la expreses, que comuniques que la estás sintiendo, pues, al hacerlo, su nivel disminuirá mucho. Necesita que pidas lo que necesites. Necesita que aprendas cuáles son los recursos que a ti te sirven para regularla, como técnicas de respiración o de anclaje en el presente. Así, podrás usarlos en el momento en que sientas esta ansiedad. Necesita que te recuerdes que se va a ir de un momento a otro, porque la ansiedad, igual que viene, se va y, sobre todo, igual que sube de intensidad, también baja.

Ansiedad generalizada

La ansiedad generalizada que te acompaña más de lo que deseas no necesita que trates de silenciarla o de taparla. Tu ansiedad generalizada no necesita que dejes de salir y de hacer planes sociales. Tu ansiedad generalizada no necesita que tu rutina sea cada vez más pequeñita y hermética. Tu ansiedad no necesita que lo controles todo al detalle. Tu ansiedad no necesita que te avergüences de ella ni tampoco de ti. Tu ansiedad no necesita más exigencias ni comparaciones. Tu ansiedad no necesita que te juzgues por que se te olviden las cosas o que te exijas estar igual que cuando no tienes ansiedad. Tampoco necesita que te metas el miedo de que estás loca por tener síntomas que desconoces, que tan solo son ansiedad.

Tu ansiedad generalizada necesita que la escuches y que indagues qué esconde para poder conocer el mensaje que trata de enviarte con estos síntomas tan molestos. Necesita que hagas planes que te nutran con personas que sepan acompañarte bonito. Necesita que vayas poco a poco ampliando tu rutina, los sitios a donde ir, las cosas que hacer o las personas con las que estar. Necesita que confíes en ti y que no te llames rara ni débil. Necesita que te cuides y aceptes. Necesita que resuelvas el conflicto que la despierta. Necesita que hables de ella con personas de confianza y que, si lleva tiempo en ti, pidas la ayuda de un profesional, porque sola no se va a ir. Tu ansiedad necesita que aprendas a quererte bonito.

Vergüenza

Tu vergüenza no necesita que te machaques y castigues. Tampoco que escondas quién eres y te montes el papel de tu vida para encajar. Mucho menos necesita que te aísles por miedo a que te vean, te juzguen o no te entiendan. Tampoco necesita que te estés recordando lo que te da vergüenza de por vida ni que lo magnifiques. Cuanto más la ocultes, más grande se hace la vergüenza.

Tu vergüenza necesita que la reconozcas, por mucho que te avergüence, valga la redundancia. Todas sentimos vergüenza o nos avergonzamos de nosotras mismas en algún momento; recuerda que no somos perfectas. Tu vergüenza necesita que la desactives, y puedes hacerlo compartiéndola con una persona que te dé seguridad, que sepas que no te va a juzgar. Tu vergüenza necesita que te recuerdes que no eres eso que te da vergüenza, sino que eres más que eso. También necesita que la comprendas y no la alimentes. Tu vergüenza se hará más pequeña cuando le des la importancia que tiene y no más.

Envidia

Tu envidia no necesita que la ocultes y te castigues por sentirla. Ni que mientras intentas disimular que la sientes, te salgan comentarios de desdén o críticas hacia la otra persona. Tu envidia no necesita que trates mal a la persona que te ha despertado esta envidia ni que intentes quitarle eso que te da envidia, porque sabe que lo que te ayudará a dejar de sentirla no es quitárselo a esa persona, sino encontrándolo tú. Tu envidia no necesita que te compares con la otra persona y te creas que eres menos porque esa persona tiene algo que tú no tienes, ni tampoco que desvalorices a la otra persona pensando que seguro que ha tenido suerte o que no se lo merece tanto. Tu envidia no necesita que te quedes en la queja y la frustración, paralizada viendo lo que te falta y sin hacer nada al respecto. Tu envidia no necesita que te avergüences de ella o que te sientas culpable por sentirla, porque, aunque socialmente se haya extendido la idea de que sentir envidia es malo o de malas, ya sabemos que esto no es así. Que lo que puede ser malo es cómo reaccionamos a la envidia, no sentir envidia.

Tu envidia necesita que la reconozcas y que entiendas que no eres menos por sentirla ni peor que la persona que te está despertando esta envidia. También que te recuerdes que no eres mala persona por sentir envidia; la sientes, como cualquier persona, porque eres humana. Tu envidia necesita que la escuches y que atiendas al deseo que te está ayudando a que veas. Que te pongas manos a la obra para descubrir qué puedes hacer con ese mensaje que te está trayendo. Necesita que la transformes en inspiración para ti, que te ayude a acercarte a lo que deseas.

Tu envidia necesita que no solo veas lo que te falta, sino también que le des espacio a lo que ya hay en ti o en tu vida que es valioso.

Dolor emocional

Tu dolor emocional no necesita que lo juzgues, que lo niegues o que lo ocultes. Tampoco necesita que te sientas menos por sentirlo. Tu dolor emocional no necesita que te exijas estar bien rápido. Tampoco necesita que lo compares con el de otras personas ni que lo minimices. Y mucho menos que intentes hacer mil planes para distraerlo, tratando de hacer como si no pasara nada cuando sí que está pasando.

Tu dolor emocional necesita que lo reconozcas, lo aceptes y lo sientas, a pesar del dolor que eso conlleva. Necesita que respetes su tiempo y no le metas prisa; se irá cuando pueda irse. Necesita que lo entiendas y le des el valor que realmente tiene, porque no se va a hacer más pequeño ni se va a ir antes intentando quitarle importancia. Necesita que te hables con ternura, respeto y amabilidad. Necesita que lo respires, lo sientas y lo expreses, a poder ser en un lugar de seguridad, con personas con las que sepas que puedes estar y mostrar este dolor.

Frustración

Tu frustración no necesita que finjas que no está e intentes ser superpositiva por el miedo a reconocerla y a sentirla. Tu frustración no necesita que te compares con quien sí lo logró ni tampoco que te eches la culpa de todo. Tampoco necesita que te sientas culpable o te avergüences de sentirte frustrada.

Tu frustración necesita que la reconozcas a pesar del miedo o la vergüenza que puedas sentir. Tu frustración necesita que le recuerdes que tú no eres eso que no estás consiguiendo, que tú eres más que eso. Tu frustración necesita que puedas escoger a otras personas como referentes para poder inspirarte si quieres volver a intentarlo, pero no para machacarte más. Tu frustración necesita que te hagas responsable de tu parte, pero que también entiendas que no todo es eso, porque no todo depende de ti. Tu frustración necesita tiempo para ser digerida y para que puedas reflexionar sobre qué quieres o puedes hacer con ella. Si decides seguir intentándolo o si mejor dejarlo ahí. Tu frustración necesita que le recuerdes que, elijas la opción que elijas, es igual de válida, en serio. No hay opción correcta o incorrecta, porque no sabemos qué pasará cuando elijas una opción ni qué hubiese pasado si hubieras elegido otra, por lo que, elijas la que elijas, tira para adelante y construye el camino más sano que puedas a partir de ahí evitando mirar atrás.

Cansancio

Tu cansancio no necesita que sigas un poquito más. Tu cansancio no necesita que lo ignores. Tu cansancio no necesita que a las señales que te da —como que te duela la cabeza, se te olviden las cosas o te cueste dormir— les busques mil explicaciones para justificar lo que te pasa cuando es cansancio, y punto. Tampoco necesita que siempre tengas una excusa para seguir haciendo más y posponiendo el parar. Y mucho menos necesita que le metas más tareas de las que tienes o sigas sin pensar en tu salud.

Tu cansancio necesita descanso. Sí, si estás cansada, necesitas descansar. Necesita que empieces a darte cuenta de que lo que estás haciendo, sea la cantidad que sea, ya es suficiente; ya has llegado a tu límite. Necesita que te des cuenta de que, si sigues y no paras, estás dañándote, y esto va a hacer que te encuentres peor y peor cada día. Tu cansancio necesita que pongas tu salud en el primer puesto de tus prioridades, por lo menos por un tiempo, hasta que pueda y puedas recuperarte. Tu cansancio quizá aún llega a tiempo para que no necesites pararlo todo, pero intenta frenar un poco para que no llegue ese momento en el que te pase algo y ya no te quede otra que parar, aunque no quieras. Tu cansancio necesita que te escuches, te respetes y te cuides.

Con todo esto que acabas de leer, tienes una miniguía para que, si lo necesitas, cuando sientas alguna de estas emociones, vuelvas aquí y recuerdes cómo acompañarte de la mejor forma posible. Con la práctica, poco a poco irás aprendiéndolo, e incluso puede que llegues a interiorizarlo tanto que te salga de forma automática. Si ocurre, será maravilloso, porque significará que esta nueva forma de cuidar de tus emociones tendrá más espacio en ti que la manera en la que lo hacías antes y, por tanto, que te estarás queriendo más bonito.

¿QUÉ HAGO CON MIS EMOCIONES AGRADABLES?

Lo de las emociones agradables es curioso, porque, por lo general, solemos permitirnos sentirlas, vivirlas, expresarlas, e incluso deseamos fuertemente que no se vayan y hacemos todo lo posible por mantenerlas. Sin embargo, esto no siempre es así.

Existen personas que tienen creencias que las limitan a sentir este tipo de emociones y, a pesar de que una parte de ellas desea sentirlas (quizá su parte más genuina), hay otra parte manchada por estas creencias que las impulsan justo a lo contrario. Las impulsan a no buscar estas emociones o a no sentirlas cuando aparecen.

Por ejemplo, mi paciente Eli creía que, cuando le ocurría algo bueno en la vida, era porque después iba a venir algo malo. Como el refrán que dice: «Después de la tormenta siempre llega la calma», pero al revés. Que Eli pensara así hacía que, cuando le pasaba algo bueno, quizá algo que llevaba tiempo deseando vivir, no pudiera disfrutarlo. No podía disfrutarlo porque, cuando aparecían en ella emociones «bonitas», eso significaba en su mente que algo malo vendría después. Entonces rápidamente le venía el miedo a que esa sensación pudiera acabar, y era justo ese miedo el que acababa con lo bonito. En ese momento, en vez de disfrutar de esa sensación agradable que da el no tener problemas —conseguir ese trabajo que deseas, sentirte conectada con tu pareja o sentirte orgullosa de ti misma—, Eli sufría. Y sufría no por lo que estaba pasando, sino por lo que podría pasar después. Su miedo a que pasara algo malo que pudiera dolerle en el futuro ya causaba en ella ese mismo dolor que le impedía disfrutar en el presente de lo que en ese momento era bonito. Qué mierda, ¿verdad? Eli sufría mucho. Ella, en el fondo, deseaba estar siempre bien, pero su actitud la llevaba justo a lo contrario: a estar siempre mal.

Sin embargo, esto no quedó aquí. En terapia trabajamos este tema en profundidad, y Eli terminó entendiendo algo muy importante: ella quería encontrar su felicidad, su tranquilidad y seguridad en que todo estuviera siempre bien, y esto era imposible, pues la vida es un continuo cambio y, del mismo modo que a veces dolerá, otras no. Unas veces habrá tormenta, y otras, calma. En unas ocasiones habrá problemas por resolver, y en otras, estará todo resuelto. Eli comprendió que su felicidad, su tranquilidad y su seguridad no residían en que todo estuviera siempre bien, sino en aceptar que no siempre todo iba a estar bien ni tenía por qué estarlo para poder ser feliz. Que no todos los días sería feliz ni se sentiría como deseaba, pero sí iba a haber días y etapas en los que se sentiría así y tenía derecho a descansar en esas emociones agradables a pesar de que más adelante pudieran venir emociones desagradables. Aceptar que habrá problemas la ayudó a descansar y a disfrutar cuando no los había.

Leo, otra de mis pacientes, buscaba tanto la perfección que cualquier cosa que no fuera como a ella le gustaba, pretendía o consideraba estupendo ya estaba mal. Ella se movía en el todo o nada. O era blanco o era negro. Los grises no tenían cabida en su vida. No es que Leo tuviera dificultades para experimentar las emociones agradables, sino que se impedía a sí misma transitar estas emociones. Esto ocurría porque se pasaba la mayor parte de su vida mirando lo que le faltaba, lo que la llevaba a vivir continuamente emociones como la preocupación, el miedo, el dolor, la ansiedad o la insatisfacción. Casi todo era insuficiente. Ella misma se sentía insuficiente, y el mundo también era insuficiente para ella, y así es muy difícil vivir emociones agradables. Leo creía que buscar el error la ayudaría a arreglarlo para lograr que todo fuera como deseaba, «perfecto», y así poder descansar y ser feliz. Pero en terapia entendió que eso no funcionaba así. Que la estrategia que estaba usando para sentirse en calma, segura y feliz no le estaba sirviendo. Que lo que iba a hacer que se sintiera así era en realidad aprender a aceptar que no todo iba a ser perfecto y darse la oportunidad de valorar lo que sí tenía, lo que ya había conseguido y lo que era ya suficiente.

Emi, otra de mis pacientes, creía que lo bonito venía después de mucho esfuerzo, de modo que solo se permitía vivir las emociones agradables cuando consideraba que las merecía. Emi tenía el baremo del esfuerzo algo distorsionado debido a su alto nivel de exigencia, por lo que casi nunca se permitía sentir estas emociones agradables, porque para ella no se las merecía. En terapia revisó dos cosas: su baremo de esfuerzo para que fuese más realista y la idea de que hay que esforzarse mucho para merecer cosas bonitas. Entendió que por el simple hecho de existir ya merecía ser feliz, respetada, cuidada y validada. Esto la ayudó a permitirse sentir emociones bonitas sin tener que vivir en un sacrificio constante.

Desde que su padre falleció, Antonio, otro paciente, no se permitía disfrutar la vida. Él no lo sabía, pero en su interior había una penitencia que no le permitía vivir las cosas bonitas. De alguna forma, se sentía culpable porque su padre no estaba para poder vivirlas. En terapia, Antonio entendió que, igual que su padre tuvo la oportunidad de vivir hasta el final de sus días, él también merecía esa oportunidad. Que el amor por su padre no era más grande cuanto más infeliz fuera él. El amor hacia su padre no tenía nada que ver con eso. Ese amor no podía medirse, pues era incuantificable. Y él tenía derecho a que su vida continuara y a ser feliz. Esto no significaba que se olvidara de su padre o lo quisiera menos.

Podría contarte mil historias más, pero eso daría para otro libro. Creo que con estos ejemplos te haces una idea de que, por diferentes motivos, a veces también nos cuesta permitirnos sentir las emociones agradables. Si al leer esto te sientes identificada, recuerda que tienes el derecho a sentir esas emociones.

Quizá te sirva lo que a Eli, Leo, Emi o Antonio les sirvió. O quizá no. Tal vez necesitas hacer tu propio proceso para descubrir lo que te frena a vivir estas emociones y liberarte de lo que te lo impide.

AUTOCUIDADO EN EL ERROR

Qué mal se pasa cuando la cagas con alguien, no te sale ese proyecto que tanto deseabas o te decepcionas a ti misma al actuar en contra de tus valores. Qué mal trago, ¿eh? Equivocarnos, hacer algo mal o cometer un error no es nada fácil de llevar. Lo primero que suele aparecer es la culpa y, acto seguido, el látigo. Sé que no todo el mundo lo vive de la misma manera, pero, cuando realmente has hecho algo mal y tienes algo de conciencia y responsabilidad, lo que suele pasar es que te sientes culpable. Después están las personas que sienten culpa por todo. Por lo que les corresponde y por lo que no. Y, por otro lado, están las personas que no sienten culpa por nada. Seas de cualquiera de estos grupos, esto que vengo a contarte te puede servir.

De todos los errores que podemos cometer en la vida, siempre hay una parte que podemos corregir para que no vuelva a ocurrir y otra que, por mucho que queramos corregir, no se puede cambiar y seguirá pasando. Por ejemplo, puedes corregir la atención que dedicas a tu pareja con una actitud más atenta hacia ella. Sin embargo, esto no hará que siempre te acuerdes de todo, algún día seguro que algo se te olvidará. O puedes corregir tu nivel de implicación en los estudios, pero habrá algún tema que se te puede pasar por alto, alguna pregunta que quizá no sepas responder o algún examen que suspendas.

Casi siempre se puede mejorar, pero «hasta qué punto» es lo difícil de medir, de saber y de aceptar.

Hay personas que piensan que, como no pueden arreglarlo todo, entonces mejor no intentan nada. Otras que no aceptan que haya algo que no se pueda arreglar todavía más, por lo que no dejan de insistir y nunca descansan.

Yo te invito a que seas de las de en medio. De las que se esfuerzan en mejorar sabiendo que en esa mejora pueden conseguir mucho, pero teniendo presente que el todo es imposible. De las que aceptan que haya imperfecciones, fallos y cosas incompletas, pues entienden que esto no ocurre porque aún falte más por hacer, sino porque la vida es así, imperfecta. De nuevo, te invito a que busques el equilibrio con una actitud comprensiva con la vida y contigo.

Volviendo al error y a lo mal que lo pasamos cuando lo cometemos, en el capítulo sobre la autoestima te dije: «Justo cuando menos te apetece tratarte bien es cuando más necesitas hacerlo. […] Cuando más te has equivocado, cuando menos te gustas, cuando menos te apetece estar contigo, justo ahí es cuando más necesitas tratarte bien. Y, si logras hacerlo, estarás cuidando de tu autoestima y, por lo tanto, de ti misma».

¿Te acuerdas? Pues por esto estoy aquí dedicando un capítulo al error, la culpa y el perdón. Porque que aprendas a acompañarte de la mejor forma posible cuando te equivocas es fundamental en la ecuación de quererte bonito.

Voy a ser clara. Transitar el error de una forma saludable tiene que ver con tres cosas:

– Capacidad de transformar la culpa en responsabilidad.
– Capacidad de ponerte una condena justa.
– Capacidad de perdonarte.

CAPACIDAD DE TRANSFORMAR LA CULPA EN RESPONSABILIDAD

Para explicarte cómo pasar de la culpa a la responsabilidad, lo primero que necesito contarte es que la culpa aparece cuando pensamos que hemos hecho algo mal. Sí, lo repito:

La culpa no surge cuando *hemos hecho* algo mal, sino cuando *pensamos* que hemos hecho algo mal.

Como verás, es diferente.

Hacer algo mal significa que la realidad es esa, mientras que pensar que has hecho algo mal no implica que sea real; puede ser que solo lo creas pero en verdad no lo sea.

Para saber si hemos hecho algo mal o no, cada persona tiene su guía interna del bien y el mal. Tu guía interna está influenciada por la época, la cultura, la religión, el entorno y la familia en la que naciste y creciste. Esta guía va cambiando en función de los lugares que visitas, las personas que conoces y las situaciones que vives. Es más probable que tu guía interna sea más similar a la mía si ambas nacimos en España a finales del siglo xx que a la de un hombre de China que nació a principios de siglo. Y, a su vez, es más probable que tu guía interna sea más similar a la de tu hermana que a la de tu vecina, porque tu hermana y tú compartís un legado familiar.

Esta guía del bien y el mal es muy útil para adaptarnos a las diferentes circunstancias que nos presenta la vida. Sirve tanto para saber cómo encajar en un grupo de amigos nuevos como para evitar ir a la cárcel, je, je, je. Esta guía es la que rige tu culpa. Por lo que la culpa aparece en ti cuando has hecho algo que, según tu guía, está mal o cuando has dejado de hacer algo que, también según tu guía, está bien.

Entonces ¿qué es lo primero que te invito a hacer? Pues que revises tu guía. Sí, revisa tu guía interna, ya que, si está creada según tus criterios actuales, cuando la culpa aparezca, será indicativo de que no estás cumpliendo con la guía que quieres que rija tu vida, y esto te será muy útil para mejorar, cambiar o lo que sea necesario. En cambio, si no la has revisado, cuando surja la culpa en ti será complicado saber si es porque no estás cumpliendo con la guía que tú quieres que rija tu vida o con la guía que te tocó y no has revisado y, por tanto, no sabes si realmente te parece válida para ti. Si no la revisas, puede que te estés sintiendo culpable por cosas que para ti no están mal, y al revés.

Por ejemplo, mi paciente Rocío siempre se ponía en último lugar; no sabía cuidarse y aún menos priorizarse. Ella quería cambiar, pero, claro, aprender a priorizarse en algunos momentos significaba no estar disponible siempre y al cien por cien para su madre, hermano o pareja. Rocío lo intentaba, y me decía: «Paula, si se supone que lo que quiero y sé que necesito es priorizarme, ¿por qué me siento tan culpable cuando lo hago?». En terapia, revisamos su guía interna y nos dimos cuenta de que había dos puntos que despertaban la culpa. Uno decía: «Tienes que estar siempre para todo el mundo. Tienes que poner siempre a tu familia y pareja por delante. Si no lo haces, no estás siendo buena persona. Lo estás haciendo mal», y el otro decía: «Priorizarte es ser egoísta, y las personas egoístas son malas».

¿Cómo iba Rocío a no sentir culpa cuando un domingo iba a la playa sola en vez de ir a comer paella a casa de su madre, como se había hecho siempre? ¿O cómo iba Rocío a irse a un viaje con las amigas sin culpa si su novio se quedaba en casa sin planes? Era impensable. No podía dejar de sentir esa culpa hasta que revisara y cambiara su guía interna. Así que eso hizo. Esos puntos no los había decidido ella, pero ahora sí era ella quien decidía cambiarlos. Y los reescribió de la siguiente manera:

«Mi familia es importante para mí y la cuidaré siempre que pueda de la mejor forma posible. Pero no siempre podré estar ahí para todo ni siempre es necesario que esté, y esto no me hace peor hija, hermana, madre o pareja. Tampoco significa que los quiera menos. Si alguna vez no puedo estar o decido no estar, eso no me hace peor persona ni significa que esté haciendo nada mal. Si para ellos está mal que lo haga, para mí no lo está. Pues, si no lo hago, entonces no me estaré cuidando a mí, como hasta ahora he estado haciendo, y me perderé vivir mi vida».

«Priorizarme es mi derecho como persona. Priorizarme no significa dejar de pensar en los demás. Tengo derecho a elegirme a mí a veces, y otras, elegir a los demás. **Pensar en mí no me hace mala persona con los demás, me hace ser buena persona conmigo misma».**

Cambiar estos puntos de su guía interna la ayudó a ir poco a poco tomando decisiones diferentes en su vida que la acercaban más a la vida que deseaba y, sobre todo, a su salud. La culpa no desapareció el primer día, ni tampoco el tercero, pero llegó un día que se hizo tan pequeñita que ya no molestaba.

En estos casos, cuando la culpa aparece por algo que «no tiene que aparecer», podemos saltarnos el paso de perdonarnos porque no hay nada que perdonar; no hemos hecho nada mal.

Una vez revisada tu guía interna, será más fácil saber cuándo necesitas pararte a transitar la culpa para transformarla en responsabilidad.

Cuando realmente la has cagado o has hecho algo que para ti no está bien, según **los criterios de tu guía interna ya revisada**, aparecerá la culpa para que espabiles y no lo hagas más. A veces, sentir el malestar de la culpa ya es suficiente para saber que es mejor no volver a hacerlo para no volver a sentirte así, pero otras veces solo con esto no es suficiente.

Si realmente quieres que la culpa se vaya, necesitas crear un cambio, y para ello debes tener una actitud proactiva, no pasiva. Y lo que te ayuda a conseguir esta actitud es asumir tu responsabilidad. Si le has sido infiel a tu pareja y te sientes fatal por ello, quedarte en «qué mala he sido, qué pena de mí» no te va a ayudar a mejorar. Eso te llevará directamente al boquete. Pero si tras unos días, a esto le añades un «vale, asumo que la he cagado, ¿qué tengo que hacer para repararlo? No solo reparar la relación, sino también lo que hay en mi interior. ¿Cómo puedo reparar la herida que me he hecho a mí misma al dañar mis valores? ¿Necesito ir a terapia? ¿Necesito dejar de tener contacto con esa persona? ¿Necesito aprender a ponerme límites? ¿Qué necesito? ¿Qué puedo hacer?». Así estarás teniendo una actitud proactiva ante la situación, lo cual no solo te ayudará a que la culpa se disuelva, sino que te servirá para mejorar y acercarte más a esa versión de ti misma que quieres ser. Por esto es importante asumir tu parte de responsabilidad y, aunque cueste, la mejor manera de hacerlo es siendo honesta contigo misma.

CAPACIDAD DE PONERTE UNA CONDENA JUSTA

Una vez que te has responsabilizado de tu cagada, pasamos a ver la condena que te toca. Y, del mismo modo que antes te contaba la importancia de revisar tu guía interna del bien y el mal, ahora te invito a que revises cómo es tu baremo de castigo. Sí, me refiero a ese medidor del «delito», junto con su pena correspondiente. Igual que la ley tiene su «tablita» donde aparece la condena que le corresponde a una persona en función del delito que comete, yo te pregunto a ti cómo es la tuya.

¿Crees que tu baremo de castigo es más permisivo o autoritario? ¿Crees que es más rígido o flexible? ¿Crees que es coherente, desmesurado o inexistente?

Aprovecho para decirte algo curioso: el baremo de castigo que en la actualidad te aplicas a ti misma está bastante influenciado, entre otras cosas, por el baremo de castigo que usaron contigo quienes te criaron. En serio, párate un segundo a reflexionarlo. ¿A que tiene sentido?

Descubrir, una vez más, que algo que hay en ti no lo has elegido tú puede chocar, pero, como te he contado a lo largo de todo este camino, también es liberador. Y es que darte cuenta es el primer paso para que seas tú quien elija qué hacer con ello. Si decides quedártelo o soltarlo.

La idea es que, cuando hayas hecho algo mal, te «condenes» lo justo y necesario. Ni más ni menos. Si te castigas de más, te harás daño, y, si te castigas de menos, te costará aprender de lo ocurrido y, la verdad, aunque de otra forma, también te harás daño. Y ya sabemos que hacernos daño no es querernos bonito.

Total, que igual que a quien ha robado un bolso no le cae la misma pena que a quien ha robado un banco, también tú puedes medir tu pena en función de los hechos, así como de las circunstancias y la intención. No es lo mismo robar por necesidad que por avaricia, y tampoco es lo mismo pegarle a alguien por defensa propia que ser tú quien empieza.

A pesar de ello, algunas personas se ponen de entrada una pena muy elevada, algo desmesurada, incluso cadena perpetua. Creen que, si no lo hacen así, estarán pasando por alto lo ocurrido y temen que, si flexibilizan esa pena, van a «irse de rositas». No saben que entre el todo y la nada hay puntos intermedios y que reducir la condena a lo que corresponde no significa no sufrir las consecuencias.

Otras personas creen que poner una pena muy grande siempre es malo. Así, para no pecar de ser rígidas, malas o incoherentes, se van al otro extremo, el de la absoluta permisividad. Pero, como te decía, esto tampoco es saludable, porque no ayuda al cambio y a la mejora.

Estas primeras personas, las más castigadoras, justo lo que necesitan es aprender de las permisivas para acercarse a la «absolución». Y las que absuelven todo desde primera hora lo que necesitan es aprender de las primeras y acercarse un poco al «castigo». Esto muestra, una vez más, que una cosa por sí sola no es buena o mala, sino que lo que es malo para una persona puede ser medicina para otra, y al contrario. Y así es como vamos logrando el equilibrio y un acompañamiento hacia nosotras mismas desde la coherencia y la comprensión.

CAPACIDAD DE PERDONARTE

¿Cómo va tu capacidad de perdonarte? ¿Sabes perdonarte? ¿Hay algo que no te hayas perdonado?

El perdón es un paso fundamental para que algo que dolió deje de doler. Pero tengo que decirte algo importante: en el proceso de acompañamiento cuando te has fallado o te han fallado, el orden es determinante. No puedes perdonar antes de sentir el dolor, no puedes perdonar antes de entender la herida y no puedes perdonar antes de culpar o culparte. **El perdón es el último paso del camino, por lo que se llega a él después y gracias a haber pasado por los anteriores.**

También quiero advertirte de que no se llega a él cuando queremos, sino cuando es posible.

A veces podemos perdonar antes de lo que esperamos y otras, más tarde de lo que deseamos.

Sea como sea, el perdón casi siempre es posible, pero solo no suele venir. Como casi todo, necesitamos poner de nuestra parte.

Si hay algo que no te has perdonado, ojalá que esto que estamos viendo aquí te sirva para hacerlo. Quizá ahora o quizá más adelante. Pero ojalá que te sea útil para perdonarte. Y es que, no sé tú, pero yo soy de las personas que creen que, salvo excepciones extremas, merecemos perdonarnos, aunque a veces no sepamos hacerlo o cueste más de la cuenta. Por eso, confío en que podrás perdonarte, y ojalá lo hagas.

Para ello necesitas un ingrediente fundamental: **la autocompasión**. No sé si ya has escuchado hablar de ella y tampoco sé si la practicas o no. Muchas personas ya saben lo beneficiosa que es, otras ni siquiera la conocen y otras reniegan de ella. Sea cual sea tu postura o conocimiento sobre la autocompasión, este momento puede ser crucial para que adoptes una postura diferente frente a ella o te reafirmes más en la importancia que tiene para tu salud.

Aunque ahora voy a hablarte más en detalle de la autocompasión, he de confesarte que no es la primera vez que te hablo de ella. Sin mencionarla, cuando te he explicado la importancia de respetarte, de cuidarte o de hablarte bonito, estaba hablándote de ella, ya que **la autocompasión es la capacidad de tratarse a una misma con amabilidad y comprensión, sobre todo en momentos de dificultad**. Por eso es ahora, en el capítulo sobre el error y el perdón, cuando he decidido llamarla por su nombre.

Tu capacidad de ser compasiva contigo misma determinará tu habilidad para perdonarte. Si eres capaz de ver tu error, responsabilizarte de él desde una actitud amable contigo misma y entender por qué o para qué lo hiciste, sin pretender justificarte ni exculparte, sino comprenderte, serás capaz de perdonarte y podrás seguir adelante. Por el contrario, si no eres capaz de perdonarte, vivirás anclada a esa situación, lo que te condicionará más de lo que crees.

En serio, ¿hasta cuándo vas a seguir castigándote por haber sido infiel, por no haber estado cuando tu amiga lo necesitó, por haberle gritado a tu hija, por no haber salido de esa relación «a tiempo», por no haber cuidado como deberías a tus padres o por haberte fallado a ti misma? ¿Hasta cuándo? ¿No has cumplido ya tu condena? ¿Cuánto más te falta por cumplir? ¿Qué más tienes que hacer para compensar lo que ocurrió?

Quizá ya está bien. Quizá ya es momento de que te perdones y, si no es ahora, ponte un límite. Que lo que has hecho no es para que te pases toda la vida en penitencia por ello.

Quiero contarte algo muy personal e importante para mí. Hace unos trece años, tuve un problemilla con la policía y el coche, y me multaron. Durante días, la culpa y yo éramos una, ya que me sentía fatal por lo que había pasado. O, mejor dicho, por lo que había hecho. En esa época aún vivía en casa de mis padres, y recuerdo como una mañana de esos días mi padre me llevó delante de un espejo y me dijo: «Mírate, ¿qué ves?». Yo, toda apenada y bien blandita, me quedé callada. Mi padre entonces continuó: «Esa de ahí es la misma que antes de que pasara esto, eres la misma persona maravillosa que antes y la misma que seguirás siendo. Solo has cometido un error, como persona que eres. Ya está bien de machacarte por esto. Te has responsabilizado de lo ocurrido y estoy seguro de que no volverá a pasar. Más que esto no puedes hacer; ahora solo falta que te perdones».

Estas palabras de mi padre me llegaron al alma. Fue justo lo que necesitaba escuchar para poder seguir adelante. En ese momento, mi padre fue compasivo conmigo y me ayudó a poder serlo yo conmigo misma.

Intenté entenderme sin por ello justificarme, y lo logré. Compartí mi vergüenza, y dejó de ser tan grande. La culpa dejó de impedirme que me tratara con amabilidad y respeto. Tuve una actitud proactiva para sanar lo ocurrido. Y me perdoné, sí. Porque merecía perdonarme.

Para cerrar este capítulo, quiero compartir contigo varias cositas que a mí me sirven para perdonarme. Espero que te queden grabadas a fuego y te sean tan útiles como lo son para mí, para querernos bonito cada día un poquito más.

♥ Cositas que me sirven para perdonarme ♥
(para grabarlas a fuego)

– Reconocer mi error.
– Permitirme sentir culpa durante un tiempo, sin caer en el machaque extremo, pero entendiendo que es inevitable cierto malestar.
– Poner fin al machaque y empezar a practicar la autocompasión.
– No victimizarme ni excusarme, ni tampoco echar balones fuera.
– Coger mi responsabilidad.
– Si se puede, arreglar mi error. (Si le he hecho daño a alguien, preguntarle a esa persona cómo puedo reparar mi error, y, si me he hecho daño a mí misma, preguntarme cómo puedo reparar mi error).

– Si no se puede arreglar, asumirlo. (No por ello mi condena va a ser eterna).

– Entender que durante un tiempo las cosas o personas que me recuerden mi error me revolverán el estómago o me producirán emociones desagradables. (Recordarme que ahora es lo que toca, pero que pasará).

– Respetar mis tiempos. (Entendiendo que quizá no son como deseo).

– Entender que yo no soy mi error, que soy más que eso.

– Entender por qué y para qué pasó, por muy desagradable que sea para mi reconocerlo. Nada ocurre porque sí. (Esto me calma y me ayuda a que no pase más).

– Entender que puedo mejorar y que está en mí el hacerlo.

– Si ese error se repite, buscar ayuda fuera para conseguir ponerle solución.

– Si la persona a quien he hecho daño me perdona, eso me ayuda a perdonarme; pero, si no me perdona nunca, yo puedo perdonarme antes. No quiero cadena perpetua. Su facilidad o dificultad para perdonarme no va a condicionar mi propia capacidad de perdonarme.

– Ser amable conmigo. Cometer un error no me da derecho a tratarme fatal.

– Ponerme una condena con un principio y un fin, nunca una condena eterna. Y, cuando llega ese fin, respetarlo.

– Recordarme que soy humana y no perfecta.
– Seguir queriéndome a pesar de lo ocurrido.

Ojalá todo esto que te cuento te sirva para perdonarte hoy y siempre que lo necesites. Tienes derecho a hacerlo.

P. D.: No todo el mundo se perdona lo mismo en el mismo tiempo porque no es el tiempo lo que determina el perdón, sino la gestión que haces durante ese tiempo.

AUTOCUIDADO EN LAS RELACIONES

Bueno, se viene temazo. Como habrás leído en el título del capítulo, te voy a hablar de autocuidado en las relaciones. Sí, vengo a contarte cómo poder cuidarte a ti misma mientras te relacionas con tu madre, tu padre, tu novia, tu novio, tu casi algo, tu abuela, tu prima o tu amigo. Porque no podrás quererte bonito si no aprendes a cuidarte en tus relaciones. Es más, es cuando te relacionas cuando más riesgo tienes de descuidarte, abandonarte y quererte mal. Por lo que es justo ahí donde más necesitas poner en práctica todas las herramientas de las que venimos hablando hasta ahora, además de unas cuantas más que ahora mismito te voy a contar.

Antes de continuar, quiero aclarar algo que a veces lleva a confusión, y que justo ahora creo que es el momento oportuno para mencionarlo.

Aprender a mirar por ti, tenerte en cuenta, cuidarte y, en definitiva, quererte bonito no es incompatible con querer bonito a los demás.

En muchas ocasiones, las personas creen que esto del «amor propio» es sinónimo de egoísmo y, por tanto, que implica dejar de pensar en los demás o incluso hacer las cosas mal para los demás. Y, la verdad, no sé a ti, pero a mí me encanta cuidar de mi gente. Me encanta estar para ellos y ser buena con ellos, pues los quiero mucho y, si alguno de ellos está leyendo esto, sé que lo sabe. ♥

Así que no querría ser yo quien incitara a nadie a descuidar sus relaciones sociales. Me sentiría fatal. Lo que pretendo, en parte, es justo lo contrario: ayudarte a que te relaciones de una forma más saludable contigo misma, pues esto ayudará a que te relaciones de una manera más saludable con los demás. Son relaciones que se nutren entre sí.

Te lo explico con un ejemplo muy sencillo.

Mi paciente Mia, en la primera sesión, me contó que se sentía muy irascible con todo, que a veces saltaba a la mínima con personas a las que quería y que necesitaba ponerle solución. Que para ella lo más importante era su familia, y no quería estar irritada con ellos. Me explicó que siempre estaba para ellos, algo que le encantaba y no le suponía una carga. Me relató uno de sus días y, efectivamente, me di cuenta de que estaba para todo si se trataba de su familia. Pero ¿sabes para quién no estaba? Para ella misma.

Mia pretendía seguir ese ritmo de vida de abandono de ella misma y dedicación total a los demás sin sufrir las consecuencias, como la irascibilidad, el cansancio o el enfado. Y eso era imposible. Ella quería técnicas rápidas para solucionar lo que sentía, pero esas técnicas rápidas no existen. Así que le expliqué lo que estaba pasando y, con mucho respeto y cuidado, le dije: «Mia, es maravilloso que quieras tanto a tu familia y que dediques tanto tiempo de tu vida a ellos, pero justamente hacer eso es lo que te lleva a comportarte con ellos de una forma que no quieres. Si empiezas a cuidarte tú, comenzarás a estar menos enfadada, y eso hará que saltes menos. Por aquí es por donde podemos empezar a trabajar: aprender a escucharte y a tenerte en cuenta para que puedas ir cuidándote más a ti misma. Esto será "la medicina" que estás buscando en tus relaciones».

Como puedes imaginarte, la primera vez que le planteé esto a Mia no le hizo mucha gracia. Pero continuamos el proceso y, aunque con miedo, comenzó a dar pasitos de cuidado hacia sí misma. En vez de estar todo el día limpiando la casa, preparando la comida y llevando a los hijos a sus actividades, buscó ratitos para pasear. En otra ocasión, en lugar de dejar de hacer planes para el fin de semana para así estar disponible por si la necesitaban, hizo el plan que le apetecía con su pareja.

Así, poquito a poco, cada día fue sintiendo menos miedo, pues comenzó a darse cuenta de que estar para ella no implicaba dejar de estar para los demás. Que el exceso que les daba a los demás no era necesario para demostrarles su amor, que podía darles un poco menos para dejarse espacio para ella y, sobre todo, que escucharse no ocupaba lugar. También se dio cuenta de que quererse a sí misma la ayudaba a querer mejor a los demás. Antes estaba priorizando la cantidad, pero no la calidad. Desde que comenzó a quererse bonito, su enfado disminuyó, se encontraba menos cansada, menos irascible, y ahora se relacionaba con su familia como ella quería, pues ya no se sentía abandonada ni sobrecargada.

Podría ponerte miles de ejemplos más, pero creo que este ya refleja muy bien cómo quererse a una misma no significa dejar de querer a los demás, sino que incluso puede ayudar a quererlos mejor. Así que, si pensabas que era incompatible, espero que se te haya quitado esa idea de la cabeza para que puedas seguir este camino de quererte bonito de una forma más libre y con menos culpa.

ELIGE BIEN TU COMPAÑÍA

Como acabamos de ver, quererse bonito no implica dejar de querer a los demás. Sin embargo, **quererse bonito sí implica aprender a saber a quién merece la pena seguir queriendo, con quién merece la pena seguir compartiendo y con quién es mejor dejar de relacionarse.**

Te cuento. He terminado quedadas con amigas con ganas de llorar. De llorar de la felicidad que sentía en mi interior tras una buena conversación de escucha y respeto. He estado en reuniones en las que me ha entrado hipo de tanto reírme mientras se me agrandaba el pecho del amor que siento hacia esas personas. Me he sentido en calma después de compartir con mis padres mi angustia y percibir su apoyo incondicional. He sentido amor cuando mi pareja ha hecho esfuerzos por mí, porque eso significaba que estaba dándole valor a mis palabras y a nuestra relación. He sentido muchas veces que ahí sí es, que esas personas en ese momento sí son. Pero no siempre ha sido, es ni será así.

También he llorado de la pena al darme cuenta de que ahí ya no era o de que nunca fue. Me ha dolido la barriga al escuchar faltas de respeto hacia mí u otras personas. He salido agotada emocionalmente tras un fin de semana con «amigos» que no estaban en mi sintonía. He sentido rechazo por comportamientos de algunas personas. Y me he sentido sola debido a la falta de escucha, apoyo y empatía por parte de otras.

A veces no es fácil saber si es sano dónde estamos o con quién estamos. En unas ocasiones acertamos y en otras nos equivocamos y terminamos pasando tiempo con personas que no nos hacen bien. No necesariamente porque sean malas, sino porque hay personas que nos cuidan y otras que no. Hay personas con las que sí vamos a poder cuidarnos y otras con las que nos descuidamos. Hay personas que se ve a la legua que no son una buena compañía, como la que te invalida de forma evidente continuamente o la que no confía en ti o la que directamente no te atiende. Sin embargo, hay otras que tampoco son buena compañía para ti, aunque no sea tan evidente. En apariencia, todo está bien, pero la realidad es que tú no te sientes bien. Tú lo sabes, porque a menudo sientes ese malestar en tu estómago, pecho o garganta, que, si hablara, diría: «Uy, esto no nos gusta». Pues, aunque te cueste verlo o reconocerlo, ahí tampoco es.

En muchas ocasiones no somos conscientes de cómo puede afectarnos con quién pasamos nuestro tiempo. De hecho, me gustaría parar para preguntarte: ¿cómo crees tú que esto influye en ti? ¿Crees que te sientes igual de válida teniendo al lado a alguien que te dice y te muestra lo afortunado que se siente por compartir la vida contigo que teniendo cerca a alguien que pasa de ti? ¿Crees que te sientes igual de capaz estando con alguien que confía en tu potencial que teniendo al lado a alguien que se encarga de remarcarte todo lo malo? ¿Crees que te sientes igual en un grupo de personas que respetan tus valores que con uno que los rechaza?

Ya te respondo yo: NO. Claro que no. Porque con quién pasamos tiempo importa.

Lo que escuchas un día y otro te lo terminas creyendo, y lo que vives cada día lo acabas normalizando, aceptando e integrando.

Es así. Los que te rodean influyen en ti, en concreto en tres aspectos fundamentales: en tu autoconcepto, en tu autoestima y en tu diálogo interno. Y, a su vez, todo esto influye en tu bienestar.

Tus relaciones impactan en la imagen que construyes de ti misma, como te explicaba cuando al principio del libro hablábamos del autoconcepto. ¿Te acuerdas que te decía que tu autoconcepto estaba creado en gran parte por lo que los demás piensan de ti y por cómo te tratan? Pues, si te rodeas de personas que piensan que eres torpe, terminarás creyéndote que eres torpe, mientras que, si te rodeas de personas que piensan que eres interesante, terminarás por creer que eres interesante y, en definitiva, lo serás.

Si te rodeas de personas que no miran por ti, que no te escuchan ni te respetan, tú harás lo mismo contigo y será una forma maravillosa de cargarte tu autoestima poquito a poco.

Si te rodeas de personas que te hablan con desprecio, incomprensión y exigencia, terminarás hablándote así y estarás teniendo ese diálogo destructivo que ya sabemos que tanto daño nos hace.

Por lo que de poco sirve trabajar tú en revisar y sanar tu autoconcepto, en reconstruir tu autoestima y esforzarte en hablarte bonito si mantienes las relaciones que te dañan. Es como intentar beber de un vaso que tiene un agujero. Si le echas agua, algo podrás beber, pero menos que si no tuviera agujero.

TU CUERPO HABLA

El mejor indicador para reconocer a las personas que no nos sientan bien es nuestro cuerpo. Antes no lo tenía tan claro, pero ahora sé que es así. El mejor medidor de quién sí y quién no, qué sí y qué no, cuándo sí y cuándo no, dónde sí y dónde no es, sin duda, tu cuerpo. Créeme, aprender a escuchar mi cuerpo me ha salvado de muchas situaciones.

Pero esto no siempre fue así. También he vivido una relación en la que me he empeñado que tenía que ser aquí y ahora. Quería que esa persona fuera mi compañía porque tenía algo que me gustaba o porque a veces me hacía sentir como deseaba, aunque otras muchas no. En otras ocasiones he idealizado y he visto a esa persona maravillosa para mí aunque en realidad no fuera así, y he dejado de ver lo que no me convenía y maquillado lo que faltaba para poder continuar con mi película idílica.

Y es que a veces insistes, intentas convencerte y engañar a tu cabeza sea como sea para poder seguir ahí, pero, al final, hay una parte de ti a la que no puedes engañar tan fácilmente: tu cuerpo.

Tu cuerpo habla, e igual que te manda señales para decirte que le gusta el mensaje que has recibido de la persona que te atrae en el que te dice que te echa de menos, también te manda otras señales para decirte que no le gusta que no te responda en dos días y que, además, cuando vuelva, no pida perdón. Y, aunque tú sigas ahí porque te has empeñado en que ahí tiene que ser, cuanto más sigues, más daño te haces, y tu cuerpo más grita. Y menos mal que es así, ya que será él quien te ayude a salir de donde no te hacen bien o de lo que no te hace bien. Será cada vez más molesto, hasta que de una vez por todas lo escuches y tomes decisiones para cuidarlo (y cuidarte). Entonces se calmará, pues no habrá peligro del que advertirte. Y también entonces estarás queriéndote un poquito más bonito.

P. D.: Escuchar tu cuerpo te ayudará a mantenerte informada de cómo te sientes con cada una de tus relaciones, no solo en tus relaciones sexoafectivas.

P. D. 2: Qué difícil es escuchar a nuestro cuerpo. Para mí, de las tareas más arduas del camino de mi crecimiento. Y, a la vez, de las más necesarias para mi salud.

¿CÓMO INFLUYE TU RELACIÓN CONTIGO MISMA EN TU RELACIÓN CON LOS DEMÁS?

¿Te acuerdas del vaso y el agujero? Para poder beber agua de él, tan necesario es arreglar el agujero como echarle agua al vaso. Esto último no será suficiente, pero sí te hará más consciente de que existe ese agujero y te acercará, por fin, a arreglarlo.

Lo que quiero transmitirte con esta metáfora es que **nada de lo que hagas por ti es en vano**. Todo lo que muevas en tu relación contigo misma moverá tu relación con los demás.

Te pongo el ejemplo de Daina. Mi paciente Daina estaba en una relación de pareja insana y ella se quería muy poquito y muy mal. Su autoestima era inexistente, lo cual se debía no solo a su relación de pareja, sino también a su relación con ella misma. En terapia comenzamos a trabajar su autoestima; en concreto, empezamos con su diálogo interno. Tras varias sesiones, Daina cada vez era más consciente de qué palabras la dañaban e identificaba cada vez mejor cuándo aparecía ese diálogo interno destructivo. A diario se esforzaba por poner de piloto en su autobús al personaje que le hablaba bonito para que su diálogo interno fuera cada vez más constructivo. Estaba comprometida con su proceso.

Tras varias sesiones, vino a terapia y me dijo: «Paula, no me gusta cómo me habla mi pareja. Me he dado cuenta de que no me habla bonito». Seguimos trabajando y, al cabo de un tiempo, en otra sesión me dijo: «Paula, le he dicho que me duele que me hable así y le he pedido que no lo haga más». ¡Guau! Daina estaba trabajando para mejorar su relación con ella misma, no su relación de pareja, pero, inevitablemente, **cuando una aprende a cui-**

darse en una parcela de su vida, se acaba cuidando en el resto.

Esto no es casualidad, sino una consecuencia.

Cuanto más sana sea tu relación contigo misma, más buscarás que el resto de tus relaciones lo sean.

Y, del mismo modo, cuanto más sanas sean tus relaciones con los demás, más sana será la tuya contigo misma.

Como te decía, son relaciones que se retroalimentan. Por eso, si quieres mejorar la relación contigo misma, lo que hagas en el resto de tus relaciones puede acercarte o alejarte de eso que deseas, y al revés. Si quieres tener relaciones bonitas con los demás, hacer bonita la tuya te ayudará.

Empieza por la parcela que puedas sabiendo que cada ingrediente que pongas en ella te ayudará a que mañana el resto también lo tenga. Y así, poco a poco, pasito a pasito, ve construyendo tu mundo como deseas y mereces.

CUÁNDO IRSE Y CUÁNDO QUEDARSE

Centrándonos en las relaciones sexoafectivas (aunque puede servir para todas), quiero decirte algo importante: cuidarnos en las relaciones no es quedarnos en relaciones que nos hacen daño o que no son lo que queremos para nosotras, y tampoco es dejar relaciones que nos hacen bien y que sí son lo que queremos para nosotras. No. Nada de esto es cuidarnos en las relaciones, porque no supone acercarnos a relaciones sanas y bonitas, sino todo lo contrario.

Pero, claro, qué difícil es hacerlo, empezando por lo complicado que puede ser identificar cuándo es mejor quedarse y cuándo irse.

De hecho, esto es algo que me preguntan mucho. El otro día, una amiga que sabe que estoy escribiendo el libro me preguntó: «Paula, ¿qué crees que es más necesario para querernos bonito: saber irse o saber quedarse?». A lo que yo le respondí: **«Para las personas que solo saben irse, lo más necesario será aprender a quedarse. Para las personas que solo saben quedarse, lo más necesario será aprender a irse. Y para ambas será necesario saber cuándo hacerlo».**

Como verás, vuelvo a hacer hincapié en que nada por sí solo es bueno o malo, sino que depende de la persona y de sus circunstancias. Así, algo puede ser beneficioso para una persona, pero no serlo para su prima o para ella misma en otro momento. Por eso, para poder saber lo que te viene bien a ti hoy, antes has de identificar cómo funcionas tú y en qué momento te encuentras.

Y para que puedas conocer un poquito mejor cómo funcionas tú en este tema de apego y desapego, quiero hablarte, a grandes rasgos, de tres tipos de personas. Así, podrás ver con cuál de ellas te identificas más, lo que te ayudará a saber si necesitas aprender a soltar o a agarrar para continuar tu camino de quererte bonito.

Personas coco

Son personas a las que les cuesta vincularse de verdad y por ello mantienen relaciones superficiales. Y no me refiero solo a lo banal, sino a que no se mojan, no entran dentro.

Son personas con dificultad para abrirse, intimar y quedarse. Aunque se relacionan, no se muestran en su totalidad, no se implican por completo. Estas personas se sienten vulnerables en el contacto sincero, tienen miedo a la intimidad. Qué fácil es para ellas soltar, tanto que podríamos decir que, si no agarran nada, quizá no estén soltando nada de verdad. Cuando sueltan, lo hacen con poco o nada de miedo y con decisión.

Son personas que o bien este es su modo de relacionarse con casi todas las personas casi siempre, casi toda su vida, o personas que se comportan así en un momento o etapa determinados o con una persona en concreto.

Este tipo de personas no corren el riesgo de sufrir por el dolor porque, al no apegarse, evitan que les hagan daño. Sin embargo, corren el riesgo de no sentir el amor, el cariño y el vínculo sincero que ofrece el entregarse en profundidad a una relación.

Estas personas se creen libres, aunque en realidad son esclavas porque creen que son ellas las que eligen ser así cuando en realidad es su herida (lo que las dañó en el pasado) la que las condiciona a relacionarse de puntillas. Hasta que no sanen su herida, será su miedo el que decida por ellas, y no podrán darse la oportunidad de mojarse en una relación de verdad asumiendo el riesgo que eso conlleva y los beneficios que tiene.

Personas uva

Son personas que se vinculan con facilidad y que son capaces de establecer relaciones profundas. Se tiran a la piscina con la intención de sumergirse hasta el fondo, incluso sin mirar antes si hay agua o no. Se abren, intiman y se quedan con cualquier persona en cualquier momento. Se muestran en su totalidad y se implican hasta la saciedad. Estas personas se sienten vulnerables en el no contacto y tienen miedo a la incertidumbre, a la distancia y a la soledad. Qué fácil es para estas personas quedarse y qué difícil irse.

Igual que ocurría con las personas coco, son personas que o bien este es su modo de relacionarse con casi todas las personas casi siempre, casi toda su vida, o bien se comportan así en un momento o etapa determinados o con una persona en concreto.

Este tipo de personas corren el riesgo de sufrir por el dolor que implica apegarse sin antes evaluar con quién lo estás haciendo. Tampoco ellas son libres, pero suelen ser más conscientes de ello que las coco. Y, en su caso, también es su herida la que las condiciona a vincularse con tanta entrega.

Hasta que las personas uva no sanen su herida, será su miedo el que decida por ellas y no podrán darse la oportunidad de elegir con quién sí o con quién no, cuándo sí o cuándo no merece realmente la pena mojarse en una relación.

Personas naranja

Estas personas saben vincularse de verdad, pero no lo hacen en cualquier momento ni con cualquier persona. Saben establecer algunas relaciones más superficiales y otras más profundas. A veces les es difícil abrirse, intimar o quedarse dependiendo de lo que la otra persona les hace sentir. Otras veces les cuesta irse, pero terminan eligiendo hacerlo cuando es necesario.

Con el tiempo, son capaces de mostrarse tal como son y de implicarse en una relación siempre que sientan que es un espacio de seguridad porque haya muestras de ello. Eligen con quién sí mostrarse vulnerables y con quién no. No todo el mundo les vale para intimar. Estas personas practican el apego y también el desapego, e intentan hacerlo desde la coherencia.

Como personas que son, tienen miedos, como al dolor o al desamor (entre otros). Sin embargo, sus niveles

de miedo no suelen dispararse si no es por algo externo que los active. Si todo va bien, pueden estar tranquilas y disfrutar de la relación, sin sentir el vínculo
como algo peligroso, pero tampoco como algo impres-
cindible y totalmente necesario. No sueltan con facilidad, pero tampoco se quedan pegadas hasta estar
consumidas.

Como en los anteriores tipos de persona, son personas que o bien este es su modo de relacionarse con
casi todas las personas casi siempre, casi toda su vida,
o bien que se comportan así en un momento o etapa
determinados o con una persona en concreto.

Estas personas corren los peligros proporcionales a
vincularse, pero no tanto como las que se vinculan cie-
gamente, sin detenerse a observar ni a observarse. Son
personas que se dan la oportunidad de sentir el amor,
el cariño y el vínculo sincero que permite el entregarse
a una relación.

Estas personas son más libres y menos esclavas. Pueden sentir miedo, pero no es este el que pilota su vida;
el miedo solo es un visitante más.

¿Qué tendrán que hacer las personas coco y las uva para
poder vivir relaciones más sanas y bonitas como las personas naranja?

Las personas coco necesitarán aprender a apegarse
poquito a poco, no con todas las personas, pero sí con

algunas, con las que realmente les ofrezcan la seguridad de que están ahí con respeto y amor de verdad. Ir mostrándose cada vez un poco más y darse cuenta de que no pasa nada malo hará que vayan cogiendo seguridad en el vínculo, y sus miedos se calmarán. Entenderán que hay entornos seguros en los que pueden ser de verdad, y poco a poco irán entregándose con esas personas, lo que les permitirá experimentar lo bonito de las relaciones.

Las personas uva, por su parte, necesitarán aprender a acompañarse mejor a sí mismas para disminuir su necesidad de estar siempre en compañía. Y es que es esta necesidad la que las lleva a exponerse continuamente a entornos que pueden ser peligrosos para ellas. Poder cubrir sus propias necesidades las ayudará a elegir con quién sí y con quién no, cuándo sí y cuándo no, y a hacerlo desde la libertad y no desde la ansiedad. Desde ahí, podrán vincularse con personas que de verdad les den señales de que pueden ser lo que desean y evitar aquellas cuyas señales no son buenas. Las personas uva creen que necesitan mucho amor de los demás, pero en realidad necesitan mucho amor de sí mismas, y después de los demás. Por eso, salir de donde no es y darse cuenta de que pueden priorizarse y de que no necesitan del otro para sentirse bien es un gesto de amor hacia ellas mismas.

Como te decía, tanto cuando nos quedamos donde nos duele como cuando no nos quedamos donde estamos de maravilla, nos estamos descuidando. Son dos maneras de no querernos bonito, y ya sabemos que esto se trata de lo contrario.

Sea como sea, tu manera de relacionarte no cambiará de la noche a la mañana, pero sí que puede cambiar poco a poco. Puedes tender a ser coco o uva y aprender a ser un poquito más naranja. De verdad. Si lo intentas, con las herramientas necesarias, lo conseguirás.

P. D.: Hay un motivo por el que he escogido estas frutas y no otras para cada tipo de personas. Si te da curiosidad, te lo explico. Como el coco tiene una coraza muy dura y difícil de abrir, lo he elegido para las personas a las que les cuesta más vincularse. La uva, en cambio, siempre va en racimos, nunca sola, por eso la elegí para las personas que tienden a estar siempre en compañía y a las que les cuesta ser independientes en sus relaciones. Y, finalmente, he elegido la naranja para las personas que representan un vínculo sano, las que están en el equilibrio, porque es una fruta que puede abrirse y entregar una parte de ella (un gajo) sin perder por ello su identidad.

LÍMITES

Qué fácil sería cuidarnos en las relaciones si los demás supieran lo que queremos y necesitamos en cada momento. Qué fácil sería que siempre coincidiera lo que los demás proponen con lo que a ti te apetece. Qué fácil sería que te dieran un abrazo justo cuando lo necesitas o que te llamaran justo cuando quieres hablar y no lo hicieran cuando no quieres que te molesten. Qué fácil sería y qué irreal es. Esto no pasa. Bueno, a veces sí. Porque coincide de casualidad o porque alguien que te conoce y te respeta se preocupa por que sea así, pero esto no va a pasar siempre. Y tú lo sabes. Y no porque sean relaciones insanas (aunque es donde más pasa) o porque la otra persona lo haga mal a propósito. En cualquier relación es imposible que todo nos parezca bien.

Entonces ¿qué vamos a hacer cuando esto pase? ¿Qué vas a hacer cuando estés conociendo a alguien e intente besarte y tú no quieras? ¿Qué vas a hacer cuando alguna amiga suelte un comentario que te incomode? ¿Qué vas a hacer cuando quieras estar con tu madre y tu primo te diga: «Vamos a salir, que hace mucho que no nos vemos»? ¿Qué vas a hacer cuando tu jefa te diga a las ocho que mañana te toca el turno de mañana y ya tengas planes? ¿Qué vas a hacer? ¿Siempre vas a decir que sí? Vale. Hazlo. Y ¿estarás cuidándote? Déjame responder a mí: no.

Si deseas cuidarte en tus relaciones, necesitas aprender a poner límites. Y, cuando hablo de poner límites, no creas que estoy hablando de ser borde o mostrarte enfadada (aunque a veces también puede ser). Cuando hablo de poner límites me refiero a alzar tu voz. A que si, por ejemplo, estás con tu grupo de amigos y dicen: «Vamos a ver una película de terror» y a ti te da miedo, puedas decir: «A mí me da miedo, ¿podemos ir a ver otro tipo de peli?». O a que, si estás con tu pareja y él quiere salir a pasear y tú estás cansada, puedas decirle: «Prefiero quedarme en casa». O incluso a que, si en el trabajo te dicen: «Tienes que quedarte una hora más» y tú tienes cita para hacerte las uñas o simplemente quieres salir a tu hora, puedas decir: «Hoy no puedo».

Imagínate que respondieras a todos estos ejemplos que sí, ¿qué pasaría? Pues que verías una película que no quieres ver porque te da miedo y lo pasarías mal, irías a pasear y sumarías más cansancio al que ya tienes y no podrías hacerte las uñas o hacer lo que deseabas.

Quizá piensas que por un día no pasa nada. Y es cierto. Por un día, a veces, no pasa nada. Pero, con el tiempo, ¿qué consecuencias crees que tiene hacer esto el resto de tus días? Ya te lo digo yo:

Quien no sabe poner límites no se descuida un día, sino que vive descuidada.

Aprender a poner límites en las diferentes situaciones de tu día a día es un derecho que tal vez no usas porque crees que significa crear un conflicto, y tú no quieres problemas. O porque quizá aprendiste que cuidarte o anteponer lo tuyo no era una opción. No sé por qué será en tu caso, pero sí sé en qué te puede beneficiar. Poner límites beneficia a tu salud.

Al fin y al cabo, los límites son declaraciones claras de lo que sí y lo que no estamos dispuestas a aceptar. Son una forma de decirnos a nosotras mismas: «Me elijo, me respeto, me escucho, me protejo, me cuido y me quiero». Y esto es cuidar de tu salud.

Si estás pensando o has pensado en algún momento: «¿De qué sirve poner límites si no van a respetarlos?», te entiendo. Entiendo que lo pienses porque, sí, a veces poner límites no nos asegura que vayan a respetarlos. Pero no quiero que eso te frene. Por eso quiero que tengas claro que, si una persona te traiciona y tú no pones límites, tú también te estás traicionando. Si una persona no te escucha y tú no pones límites, tú tampoco te estás escuchando. Si una persona no te valora y tú no pones límites, tú tampoco te estás valorando. Si una persona no te respeta y tú no pones límites, tú tampoco te estás respetando.

Y, no sé tú, pero yo elijo escucharme, valorarme, respetarme y no traicionarme. Por eso, elijo poner límites y ponerme límites. Porque lo que haga la otra persona no depende al cien por cien de mí, pero cómo me trato yo sí depende de mí, y es de eso de lo que me encargo. Me encargo de tratarme con el respeto y el cuidado que me merezco, y eso nadie puede quitármelo.

LISTA DE PRIORIDADES

Saber poner límites no significa estar continuamente diciendo que no a todo o dejar de estar para las personas que queremos. Cuando una persona aprende a poner límites, es como una persona que ya sabía decir que sí, pero no sabía decir que no, y ahora ya ha aprendido a decir ambas. Pero que haya aprendido a decir que «no» no significa que ya solo vaya a decir eso. A veces, la respuesta será «sí» y otras será «no». En ocasiones priorizará a los demás y otras veces se priorizará a sí misma.

Es así como encontramos la salud. Siendo capaces de cambiar nuestra respuesta (o nuestra decisión) en función de las circunstancias y no que tenga que ser siempre la misma respuesta a pesar de las diferentes circunstancias. Porque **tan malo es decir siempre que sí como decir siempre que no**. Y es aquí donde quiero explicarte para qué sirve la «lista de las prioridades» y cómo puede ayudarte a cuidarte en tus relaciones.

Todas las personas tenemos una lista de prioridades, que es similar a la guía del bien y del mal que te he comentado antes. Esta lista de prioridades consiste en poner todas las cosas que hay en nuestra vida por orden de importancia.

A mi paciente Mavi le pedí que reflexionara sobre sus prioridades en la vida y que creara su lista de prioridades, en la que ordenara de mayor a menor importancia cada una de ellas. La hizo y me la mostró. Su lista empezaba así:

1. Familia.
2. Novia.
3. Gato.
4. Trabajo…

La leí y le dije: «Vale, esta es tu "lista de prioridades base". Ahora te planteo la siguiente situación: estás en casa con tu familia un lunes cualquiera a mediodía para comer y te llaman de una oferta de trabajo por la que llevas esperando años. Te dicen que, si vas ya para allá, te harán una entrevista. En ese momento, ¿tu lista de prioridades sigue siendo la misma?», a lo que me respondió: «Bueno, cambiaría. En ese momento el trabajo sería la número 1». Y continué: «Vale. Ahora piensa: si estás en una cena romántica superdeseada con tu pareja porque lleváis semanas sin veros y de repente te llaman por teléfono para decirte que tu gato se ha caído, ¿qué pasaría entonces con tu lista de prioridades?» Y me dijo: «Pues volvería a cambiar. Mi gato estaría antes que mi pareja».

A Mavi le expliqué que, aunque tengamos una «lista de prioridades base», esto no significa que sea inamovible. Esta lista puede cambiar en cualquier momento, ya que cada situación tiene unas características diferentes, y tener la capacidad de revisar y recolocar tu lista de prioridades significa ayudarte a ti misma a tomar decisiones en función de lo que en ese momento es más importante para ti, que puede ser diferente a lo que lo era hace una semana o un año.

Cierto es que esto no siempre es fácil, porque a veces nos encontramos con verdaderos dilemas, como: «¿Qué hago, voy al cumpleaños de mi amiga que está siempre ahí para mí y que ya le he dicho que iba, o me quedo en casa porque estoy enferma con fiebre?», «¿llevo a mi madre al médico a pesar de que me dé pánico o le pido a mi hermana que lo haga, aunque eso suponga que yo no estaré para ella en ese momento?», «¿digo que sí a esta oferta de empleo, que es buenísima económicamente y que todo el mundo me aconseja que acepte, o digo que no porque no me gusta ese trabajo y quiero sentirme realizada?».

Me imagino que con estos ejemplos sabes ya a qué dilemas me refiero. En estas situaciones, a veces no encontramos una respuesta que nos deje totalmente tranquilas o con buen sabor de boca. Así que aquí es cuando más necesitamos flexibilidad en nuestra lista de prioridades.

En estos casos, te propongo partir de algo importantísimo: asumir la realidad de que «no existe la opción correcta». Teniendo esto claro, y después de considerar todas las circunstancias, elige la opción que sea. Sí, como lees: elige la opción que sea asumiendo sus consecuencias y siendo consciente de ello para, a la larga, «compensarla». Me refiero a que si te eliges en esta ocasión a ti, seas consciente de ello, lo aceptes y lo recuerdes para la próxima vez intentar elegir a la otra persona. Si, en cambio, eliges a la otra persona, te responsabilizas, y te la guardas para la próxima vez acordarte de elegirte a ti. No tiene que ser una vez yo y otra vez la otra persona. Esto no es así de rígido. Sé flexible y cada vez más consciente de cuándo y por qué te eliges a ti y cuándo y por qué eliges a la otra persona. Esto te ayudará a ir creando una guía para tomar tus decisiones cada vez más alineadas con lo que quieres, lo cual te acercará a una vida de mayor equilibrio entre cuidar a los demás y cuidarte tú.

Como verás, no tienes que priorizarte siempre para cuidarte, sentirte a gusto contigo y quererte bonito. Pero sí que tienes que incluir en tu vida el saber cuándo priorizarte e intentar hacerlo a menudo.

Sé que a veces es fácil olvidarnos de nosotras mismas, incluso vivir años así. Sé que a veces está tan instaurado en nuestra vida que ni siquiera somos conscientes de que estamos viviendo para los demás o la vida de otros y no la nuestra. Por eso, quiero recordarte que no te olvides de ti. Que en esa lista de prioridades intentes estar casi siempre en el top 3. Que, al final, la protagonista de tu vida eres tú, por mucho que los demás también sean importantes. Y que tú te necesitas a ti más de lo que crees. De modo que, sí, elige en muchas ocasiones a los demás. Cuida tus relaciones. Estate para ellos. Pero no te olvides de elegirte a ti.

**Cuida tu relación contigo
misma como cuidarías la relación
con alguien a quien quieres, y estate para
ti presente y con amor. De esta forma,
te estarás queriendo bonito.**

COMUNÍCATE

Comunicarnos en nuestras relaciones de forma asertiva y respetuosa nos acerca mucho a tener relaciones sanas.

Ya he hablado de poner límites, lo cual entra dentro de la comunicación, pero esta no es la única herramienta que nos permite cuidarnos en nuestras relaciones. Pedir, decir lo que te gusta y agradecer también es importante.

Pedir, aunque a veces nos pueda hacer sentir vulnerables —y sé que a más de una le cuesta bastante—, es una estrategia superútil para poder cubrir nuestras necesidades y cumplir nuestros deseos. Pedir es darnos la oportunidad de que nos puedan dar. Y qué importante es que nos den para sentirnos queridas.

Si le pides a tu madre que te prepare un puchero, no te aseguras de que te lo haga, pero sí te da más posibilidades de conseguir ese puchero. Igual que si le pides a tu pareja que te regale flores, no te aseguras de que lo haga, pero sí te da más posibilidades de recibirlas.

Pedir a quienes sí pueden darte es un acto de amor hacia ti misma.

Decir lo que te gusta también es fundamental. No se trata solo de pedir cuando falta algo, sino de reforzar lo que ya está. Cuando dices: «Me ha encantado cómo me has escuchado» o «Qué bien me ha sentado que me abrazaras», estás guiando a la otra persona, mostrándole lo que te hace bien y lo que te gusta, ayudándola a que te conozca mejor y, por tanto, a que tenga más información para cuidarte mejor y dañarte menos.

Y no olvidemos el poder de agradecer. Agradecer implica reconocer el gesto, por pequeño que parezca, y poner en valor la intención del otro. Un «gracias por traerme el café» o «gracias por escribirme ese mensaje» no son frases vacías, son semillas que hacen crecer el vínculo y que, además, sirven de guía para que la otra persona pueda ir sabiendo qué es valioso para ti.

Comunicarte no significa tenerlo todo bajo control ni conseguir siempre lo que quieres; significa abrirte a la posibilidad de recibir, de compartir y de construir relaciones más conscientes y cuidadas.

Alzar tu voz en tus relaciones expresando cómo te sientes, lo que te gusta, lo que es importante para ti y lo que necesitas es darte la importancia que mereces.

Además, le das a la otra persona la oportunidad de que pueda tratarte como deseas y a ti la de ser tratada así.

BENEFICIOS DE LAS RELACIONES SANAS

No solo es un placer disfrutar de una buena compañía, sino que también es una inversión directa a tu salud mental.

Las relaciones sanas actúan como un amortiguador frente al estrés, te dan perspectiva cuando tu mente se nubla, te ofrecen apoyo emocional cuando lo necesitas y reducen los síntomas de depresión y ansiedad.

Rodearnos de personas que te escuchan, respetan y validan nos hace sentir acompañadas, seguras, vistas e importantes. Y, por supuesto, esto fortalece nuestra autoestima.

De verdad importa con quién eliges pasar tu tiempo, pues todo se termina pegando.

Elige bien que las personas de tu alrededor sean buenas contigo. Que miren por ti y sepan cuidarte. Que impulsen tu luz y no la apaguen. Que estén en las fáciles, pero también en las difíciles. Que sepan escucharte y respetarte. No tienen que ser perfectas ni hacerlo todo siempre bien, solo tienen que quererte bonito. Y, si encuentras a una de estas personas, encárgate de agarrarla bien fuerte, valorarla, disfrutarla y cuidarla muy mucho.

P. D.: Sé tú también esa buena compañía para tu gente y crea relaciones bonitas. No sé si esto te dará muchos más años de vida, pero lo que sí sé es que te hará más bonita la existencia.

PEQUEÑOS GESTOS, GRANDES BENEFICIOS

AUTOCUIDADO TERAPÉUTICO

Muchas personas piensan que cuidarse significa simplemente hacerse el *skincare* cada día o ir al gimnasio. En parte, está claro que eso puede ser autocuidado, pero también puede no serlo. Porque no todo lo que consideramos autocuidado es terapéutico. **Lo que hace que algo sea terapéutico no es tanto lo que hacemos, sino cómo lo hacemos.**

Te explico: si te haces el *skincare* mientras criticas tu cara o pasas de ti misma, estás cuidando tu piel, pero desde una actitud enjuiciadora o indiferente. Y esto daña tu autoestima, lo que es peor que no echarte esa crema durante años. Si vas al gimnasio para cuidarte y te pasas la hora comparándote con cada chica que ves, tu bíceps se está poniendo más fuerte, pero tu autoestima, más blandita. Estos son dos ejemplos de cosas que puedes hacer creyendo que es terapéutico para ti cuando en realidad no lo es.

Entonces ¿cómo puedes lograr tener un autocuidado diario que realmente sea terapéutico? Pues encargándote de crear una rutina con actividades saludables que vaya acompañada de una actitud saludable. Y por actitud saludable me refiero a acompañarte con ese diálogo interno bonito, con esa mirada amiga y con la autocompasión que venimos trabajando.

Sé tu amiga en tu día a día, no tu enemiga.

P. D.: Tu autocuidado te necesita cada día, no una vez al mes como un evento puntual y especial.

NECESITAS PARAR

Es genial fijarte metas, hacer planes y tener el día hasta arriba de tareas, pero esto deja de ser tan genial cuando todos los días son así. Si tu vida está a tope de cosas, algo está faltando, y eso que está faltando, además del descanso, es un espacio para ti.

¿Crees que en esta rutina acelerada te escuchas? ¿Crees que así podrás cuidarte? Es inviable.

Y sé que lo intentas. Con tu afán de sacarlo todo para adelante, aparte de las mil tareas de tu eterna lista, te pones una más: la de cuidarte. Pero, al final, termina siendo eso, una tarea más a la cual nunca llegas y te sientes frustrada y desanimada por ello. Normal. Y seguirá siendo así. Mientras sigas con ese ritmo, no vas a poder llegar.

Solo si quitas cosas podrás poner otras. Quitar quehaceres para poder escucharte o quitar algún «tengo que» para poner algún «me apetece» puede ser un buen comienzo.

Sé que hay días o épocas en los que es irremediable que vivas acelerada, pero llega un momento en el que es vital parar para reconectar lo que durante ese tiempo se desconectó de ti.

Sé que a veces da miedo parar. Soy consciente de que en ocasiones, aunque queramos, no sabemos cómo hacerlo, pero también sé que se puede y lo valioso que es para tu salud.

Para empezar poquito a poco, ¿recuerdas las preguntas que te planteé para ayudarte a escucharte? Pues te animo a que te las hagas, cada día, a pesar de que estés hasta arriba de tareas. Mientras estés con alguna de esas tareas, háztelas. Pregúntate, por ejemplo, cómo te sientes o qué te apetece. Cuanto más te preguntes, más te acercarás a saber lo que necesitas y ahí encontrarás la forma de parar a descansar, desconectar y reconectar.

LA VIDA TAMBIÉN ES BONITA

En ese frenetismo del día a día es muy fácil caer en lo amargo de la vida, ver solo lo más feo de las cosas y fijarnos continuamente en lo que falta. Cuando esto pasa, nos hace mucho daño. Y, joe, la vida puede ser muy fea, pero también muy bonita. Y qué mierda que se nos olvide ver esas cosas bonitas.

Cuando me pasa esto juego a ponerme las gafas «de colores», que me ayudan a ver el mundo de colores y no en tonos grises. Estas gafas me fuerzan a recoger cada día algo que sea bonito. Algo que haya sido guay, algo que me haya gustado de mí, algo que me haya resultado fácil, algo que me haya divertido, algo que me convenga o algo que haya sido más llevadero o menos malo que ayer. Algo, lo que sea, pero algo bonito. Así, a diario me esfuerzo en recoger aunque sea una sola cosa. Como quien va al gimnasio y el primer día le cuesta la vida levantar una pesa de cinco kilos, pero al cuarto día ya le pesa menos y al décimo hasta puede coger una de seis kilos. Pues así. Me lo tomo como un ejercicio para mí. Para mi salud mental.

Para mí, ponerme las gafas de colores es una forma de quererme bonito, porque significa que me estoy cuidando. Si te soy sincera, me encanta cuando me rescato de ese día o época amarga, porque me hace sentir que estoy para mí, para darme la mano cuando más lo necesito. En ese momento, me demuestro que me importo porque me ayudo en vez de tirarme piedras.

Te recomiendo que tú también las uses. Que en tus días grises te acuerdes de ponerte «las gafas de colores» y te esfuerces por ver aunque sea una cosa bonita. Hazlo por ti. Como una muestra de amor hacia ti. Merece la pena. Ya verás.

¿QUÉ COSAS TE GUSTAN?

¿Qué cosas te gustan?

¿Cuál es tu color favorito?

¿Te gusta el campo?

¿Disfrutas en la playa?

¿Cuál es tu peli favorita?

¿Qué planes te gustan?

¿Qué música te gusta?

¿Qué personas te gustan?

¿Cuál es tu comida favorita en verano? ¿Y en invierno?

¿Te gustan las cosquillas?

¿Qué te gusta hacer por las mañanas?

¿Qué disfrutas viendo?

¿Qué superpoder te gustaría tener?

¿Qué olor te gusta más?

¿Qué lugar te gustaría visitar?

¿Qué te gusta de las personas?

¿Qué te gusta de ti?

¿Qué te gusta de la vida?

¿Qué más te gusta que no te haya preguntado, pero que quieras contarme?

Por si se te había olvidado: lo tuyo importa.

Lo que a ti te gusta importa. Tenlo en cuenta y encárgate de acercarte a ello.

Encárgate de hacer cosas en tu día a día que te gusten, y así estarás teniendo la vida que te gusta.

P. D.: Si no sabes bien lo que te gusta o lo que quieres, es señal de que es aún más necesario que te hagas estas preguntas para poder llegar a sus respuestas. Así lograrás que lo que de verdad te gusta ocupe un lugar en tu vida.

PIROPOS TODOS LOS DÍAS

Para mí, una forma de quererme cada día también es reconocer y recordarme mis cosas bonitas a diario. Reconocer lo guapa que estoy hoy, lo rica que me ha salido la comida o la buena formación que he impartido. Recordarme lo orgullosa que estoy de mí misma o lo válida que soy.

Lo siento. Sé que a veces puede chirriar que hablemos bien de nosotras mismas, pero yo elijo hacerlo, y no en voz baja, para mis adentros, sino con la cabeza bien alta. Ya está bien de avergonzarnos por sentirnos válidas y orgullosas de nosotras mismas. Ya está bien de sentir pudor por reconocer que algo te ha salido de puta madre. Ya está bien de quedarnos calladas esperando a que sean otras personas las que nos reconozcan. Ya está bien de guardar en silencio todo lo bonito que piensas sobre ti.

Si creída significa creérmelo, por favor, llámame creída, porque sí, quiero ser de las que se lo creen. Quiero creerme lo que soy. Quiero creerme lo que valgo. Y, sobre todo, quiero creer en mí, y para ello necesito recordármelo. Y me voy a encargar de ello. Porque significa que me estaré queriendo bonito.

¿Y tú? ¿Quieres creer en ti? ¿Quieres reconocer lo mucho que vales? Pues empieza preguntándote ahora: «¿Qué cosa bonita de mí puedo reconocer hoy?». Y no pares de hacerlo. Que esto solo sea el comienzo.

PROTAGONISTA DE TU VIDA

Eres la protagonista de tu vida.

Actúa como tal.

En tu vida no hay nada ni nadie más importante que tú.

Nunca lo olvides.

Nunca te olvides.

Quiérete bonito.

GRACIAS POR ESTE VIAJE

Guau. No me puedo creer lo lejos que hemos llegado. Todo empezó con qué significaba querer bonito, y ahora estamos aquí, sabiendo cómo hacerlo. Es increíble, pero ya te conoces, te escuchas, te entiendes, te respetas, te hablas y te cuidas más y mejor que antes. En serio, es muy fuerte.

Hemos caminado juntas por tus orígenes para que los entendieras, respetaras y aceptaras. Has aprendido a diferenciar la culpa de la responsabilidad y has elegido coger tu responsabilidad para continuar el camino y crear un cambio.

Te has mirado, te has conocido y reconocido para revisar y sanar tu autoconcepto. Has entendido que así, tal y como eres, ya eres maravillosa. Has aprendido a aceptarte y respetarte un poquito más. Has conocido más en profundidad tu diálogo interno destructivo y ahora sabes hablarte más bonito.

Ahora también sabes cómo fortalecer tu autoestima, entender tus inseguridades y sentirte más segura. Ya te tienes en cuenta y te escuchas un poquito más. Ahora eliges ser más tú misma y auténtica y menos complaciente o perfecta. Ahora conoces lo que necesitan tus emociones y lo que no, y puedes cuidarte mejor cuando estés triste, enfadada o sientas ansiedad.

Ahora ya sabes que mereces perdonarte y que ser compasiva contigo te ayudará a conseguirlo. Ya tienes más clara la importancia de cuidarte en tus relaciones, y sabes que eso no implica descuidar a los tuyos. Y ya conoces los grandes beneficios que te dan pequeños gestos.

Ahora, amiga, sabes quererte más bonito, y yo solo puedo emocionarme.

Saber que todo lo que he volcado con tanto cariño en estas páginas ahora vive en ti, en tu mente y en tu piel, me parece increíble. Me ilusiona pensar que hoy te quieres de una forma más bonita que cuando empezaste este camino. Sé lo duro y doloroso que es no hacerlo, y por eso imaginar que cada palabra de este libro te ha podido acercar a mirarte con ternura, a abrazarte más, a juzgarte menos y a quererte mejor me conmueve profundamente.

Aquí termina un viaje y comienza otro nuevo.

Gracias, de corazón, por confiar en mí, por elegirme y por escucharme a través de estas páginas.

Ojalá te sirva.

Ojalá te nutra.

Ojalá nunca olvides quererte bonito.

Con mucho cariño,
Paula

AGRADECIMIENTOS

Gracias, Isi, por ser ejemplo de superación, constancia, esfuerzo, creatividad e ingenio. Gracias por confiar en mí aun cuando yo no lo hacía. Gracias por enseñarme a luchar por mis sueños. Gracias por abrirme la puerta a otro mundo. Gracias por tu apoyo infinito. Gracias por el equilibrio que me brindas. Gracias por ser hogar. Gracias por quererme tan bonito. No pude elegir mejor compañero de vida.

Gracias, mamá y papá, por haberme dado la seguridad, el amor y la disciplina que necesité. Gracias por implicaros tanto como padres. Gracias por esforzaros en romper con mucho de lo que os tocó para darnos a Nerea y a mí una vida mejor. Gracias por brindarme un amor incondicional que me hace sentir querida y me facilita quererme. Gracias por ser ejemplo de amor bonito. A vosotros no os elegí, pero os elegiría sin dudarlo.

Gracias, Nerea, mi hermana mayor. Gracias por lo que has sido y eres. Gracias por abrirme unos caminos y cerrarme otros. Gracias por mirarme siempre tan bonito. Gracias por quererme por encima de todo.

Gracias a mis pacientes, por confiar en mí y enseñarme tanto. No os imagináis lo orgullosa que me siento de vosotras.

Gracias a mi editora, Belén, por acompañarme con su conocimiento, respeto y entusiasmo en esta aventura.

Gracias a todas las personas que apoyáis mi trabajo en las redes sociales. Sois muy culpables de que hoy este libro sea una realidad.

Gracias a todas las personas que me quieren bonito; ellas saben quiénes son.

Y gracias a mí. Por sanar lo que me paralizaba. Por no rendirme. Por confiar en mí. Por mi capacidad de superación y mi esfuerzo. Por decidir exponerme a los miedos. Por permitirme soñar. Por elegirme. Y, sobre todo, gracias a mí por quererme bonito. No podría estar aquí sin mí.

Este libro se terminó
de imprimir en el mes de
febrero de 2026.